好好说话

父母对话说明书

NPO 法人 亲子交流实验室代表理事
自由主播
［日］天野光 著
蒋奇武 译

北京日报出版社

无论妈妈是高兴还是愤怒，
孩子都知道妈妈已经非常努力了。

即便爸爸沉默不语，
孩子也明白爸爸心里装着全家。

这是因为孩子每天都在察言观色中
揣摩自己父母的心思。

小的时候，
面对艰辛劳累的父母，
你是否因为自己力不从心而感到焦虑呢？

父母们想不到，
孩子为了让父母开心，
每天会有多么努力。

所以，

即使是为了孩子，

也要重视与家人的对话，

成为能够由衷微笑的父母。

父母要像孩子一样

切实地体会幸福，

这样才能培养出

既聪明又幸福感强的孩子。

前 言

阅读本书的爸爸妈妈们，你们平时对话时都谈些什么呢？

- 几乎没有什么正式的交谈。
- 太忙了，根本没有时间交流。

是不是很多父母都给出了这样的回答呢？

迄今为止，我与超过五万人次的父母和孩子谈论过交流的重要性和复杂性。而在最近的交流中我发现，和亲子交流一样，**夫妻交流也成了困扰家庭的另一大难题**，越来越多的人前来咨询这一话题。

在与这些人的交谈中，我发现很多问题乍看起来像是孩子的问题，但实际上问题背后都**有着夫妻间交流不畅这个隐性因素。**

当我分别站在爸爸、妈妈和孩子的立场上阐述各自的观点时，大家才恍然大悟。

毕竟大家都自顾不暇，不是吗？

即便一开始对对方满腹牢骚，可若是随着对话的深入，夫妻二人都站在一家人的立场上看待问题，抱怨就会变成“得想个办法”“需要相互帮助”“希望成长和进步”。

可是，具体怎么做？无从下手。

慢慢地，双方就都变得焦虑了。

有些父母会认为，即使和爱人的交流不多，只要和孩子及时沟通也就不会有问题。

的确，在亲子对话这样的纵向交流中，孩子大多能够理解和接受父母的想法。

然而，**从父母间对话的态度和内容中，孩子往往能学到更多**。

比起父母的直接说教，**父母之间的对话或父母与他人的对话，更能打动孩子的心**。

相反，如果父母之间没有交流，孩子也能够敏感地觉察出异常并受其影响。

父母间的对话可以帮助孩子养成人生中必不可少的五种重要能力，以适应在当今社会生存。我会在后面的正文里详细阐述。

当下，人工智能飞速发展，我们这一代人一直认为的理所当然的事情开始变得不那么正确了。

所以从现在开始，我们不是要培养一个“听话”的孩子，而是要在夫妻对话潜移默化的影响下，**培养出“有主见和行动力”的孩子**。

本书基于我的个人经验，旨在为读者介绍一些家庭对话的技巧。这些技巧在**让夫妻交流变得轻松的同时，还能潜移默化地引导孩子提升自己的能力**。

电视台播音员出身的我曾在“听”“说”和“表达”方面进行过深度的学习。出于职业习惯，我时常会在意**与他人的对话会给第三者留下怎样的印象**。在主持NHK[1]的节目《茁壮成长》[2]时，我跟着专家系统地学习了儿童成长规律的相关知识。比如儿童脑部和心脏的发育、母语的习得、睡眠机制，还有牙齿、视觉、听觉、嗅觉、味觉、触觉，等等。这让我充分认识到**站在孩子的角度看待问题**的重要性。

现在，我和伙伴们一起创办了NPO[3]法人亲子交流实验室，以此开展亲子交流活动。

---

1. 日本广播协会。——译者注。
2. 节目原名为《すくすく子育て》。——译者注。
3. 民间非盈利机构。——译者注。

女儿出生之后，我特别担心我们夫妻间的一言一行或者不经意的对话会对她产生负面影响。我一直在观察，孩子如何理解父母的语言，如何在父母的对话中成长。在这个过程中，我也同样体会到了育儿的乐趣。

为什么丈夫对家里的事漠不关心？

为什么妻子总是容易焦虑？

孩子到底在想些什么？

只要您读了这本书，以上烦恼和焦虑都会变成新的认知。

夫妻改变对彼此的看法的同时，也会改变对孩子的看法。这些改变一定会带来许多惊喜和发现。

或许刚开始尝试时会觉得困难，甚至觉得这是在走弯路，但随着孩子的成长，看似走弯路的过程一定会带来前进的效果。

对孩子来说，家庭是他遇到的第一个“小社会”。比起父母的直接说教，父母间的日常对话更能促进孩子的成长。

所以，请务必掌握这些对话技巧，这样您在养育孩子时就能胸有成竹、快人一步。

天野

2019 年 3 月

监修 汐见稔幸老师的话

迄今为止，没有一本书能如此通俗易懂且详实细致地论述父母之间的对话在育儿过程中发挥的重要作用。

虽然有些书籍也论及对话的重要性，但大多是泛泛而谈。

与这些书不同，本书将重要论点转化为日常对话，并结合实际生活场景进行深入浅出的讲解和说明。

这些事例几乎涵盖了家庭生活的所有场景，非常真实且“接地气”。或许因为这些都是基于作者的亲身经历和真实感受吧。

有人认为本书有点像一本“话术百科全书”，可我认为它并不是一本传统意义上的话术教程。

本书将语言交流和内心情感结合起来进行论述，讨论如何才能让孩子和父母以及夫妻之间“心连心”，并贯穿始终。从这个意义上讲，它也是一本人际沟通的指导书。

目录

第3章 接受对方“本来的样子”，夫妻和亲子关系都会变得更轻松

第4章 父母如何培养孩子的“器”：家庭对话的实用技巧

第1章

“夫妻对话”能培养出聪明的好孩子

孩子都在专注地
听着父母的对话

或许有人认为，即使夫妻间不能很好地交流和沟通，但只要大家都深爱着孩子并谨慎地选择语言和孩子交流也就没问题了。

但事实上，孩子与父母朝夕相处，日复一日地听着父母间不经意的对话，这些对话对孩子会产生深远的影响。

而且，一旦父母间的对话变得生硬，孩子一定能够敏锐地觉察出其中的异常。

事实上，**比起在与人直接交流中获得的评价，我们往往更在意他人是如何谈论自己的**。

为什么呢？因为在与人面对面交流时，考虑到言外之意以及吹捧之类的社交辞令，我们认为间接评价反而更加真实。

比如孩了来帮忙的时候，我们这样说：

“谢谢你来帮我，我太开心了，你真是帮了我大忙啦。”

像这样直接表达谢意是非常重要的。

但是，如果孩子听到父母间这样的对话：

“今天孩子帮忙做家务了，他（她）真是帮了我的大忙。”

“噢，家务都能干了呀！真是长大了。”

比起直接表达谢意，孩子听到这样的话会更高兴、更有干劲。

我们只要换位思考，就能更深刻地体会到这一点。

上司说：“你上次提交的那个方案非常好。”

这样的直接表扬当然会让你感到高兴。

如果换成间接称赞的话：

“你那个方案特别好，连部长也赞不绝口。”

哇，这样的称赞更会让人幸福感倍增、充满干劲。

○ 间接听到别人对自己的批评时，受到的打击更大

同样，当我们间接地听到批评时，受到的打击也更大。

“你的提案这里做得不是很好呀。”被上司指出问题后，我们一般会反省，然后着手修改提案。

“总经理好像说你这次的提案不太好呢。”像这样通过第三人传递出来的负面评价，我们听到后的第一反应肯定不是反省，而是备受打击，可能一时半会儿都缓不过来。

同样，换作孩子会怎样呢？

比如孩子做错事时被训斥：

“那样做是不对的，妈妈很伤心，下次别这样了。”

像这样直接说，孩子会去反省。但是，此时的不快和打击一会儿就烟消云散了。

但如果是妈妈对爸爸说：

“孩子今天做了那样的事，我太难过了。”

“啊？他竟然做出这种事，真是不应该呀。”

听到父母这样对话，孩子会怎么想呢？

想必孩子的第一反应不会是反省，而是担心自己变成了坏孩子，爸爸妈妈不再喜欢自己了。

如果只是无关紧要的外人这么说，孩子或许还能够当作耳边风置之不理。可是对孩子来说，**父母的评价实在是太重要了**。

在养育孩子的过程中，诸如此类的夫妻对话以及父母与他人的交谈，都会对孩子产生很大的影响。

毕竟孩子是在与人的交流沟通中长大成人的。

雕琢『夫妻对话』内容，培养孩子五种能力

与“亲子对话”不同，学习“夫妻对话”的技巧，可以培养孩子以下五种能力。

对于生活在当今社会的孩子来说，这些能力至关重要。

以下对此逐一进行说明。

❶ 沟通的能力

“沟通力”是父母最想让孩子具备的能力。因为沟通力能让孩子最大限度地发挥其拥有的各种潜能。

同理心、爱心、文才、武艺等诸多才能，必须通过沟通才能表达出来，也只有通过沟通才能得到提升。

我曾经听一位艺术家讲过这样一件往事。

某一天，他将一件刚完成的得意之作拿给一位顾客看，但这位顾客毫无反应。艺术家对此感到很吃惊。

于是，艺术家把作品的创作意图和特点逐一详尽地解说给顾客听。顾客终于明白了作品中的精妙之处，拍手喝彩，并以高价买走了这件作品。

所以，无论是多么伟大的作品，只有通过沟通，使之被他人理解，作品才能熠熠生辉。

那么，该如何培养并提升这种“沟通力”呢？

比较伤脑筋的是，“沟通力”既不是父母强制孩子学孩子就能学会的，更不是孩子独自就能掌握的。“沟通力”是孩子**从小到大在家庭对话的浸润下日渐养成的**。

怎样才能将自己的想法准确地表达出来并让对方听懂，这是孩子每天在和父母的对话中逐渐摸索和总结出来的。如果父母有很高的沟通能力，那么孩子就能从父母那里学到很多。可惜事实表明，不少父母并不擅长和孩子沟通。

大多情况下都是**父母一方居高临下地对孩子说教**。

具体有以下两种典型。

①**命令的口吻**

“快起床！”“快收拾！”

②**禁止的语气**

“别磨蹭了！”“别大声说话！”

然而，这并不是沟通。这样和孩子说话，孩子就只能回答“好”或“不好”。

不仅如此，这样的对话也几乎不可能培养孩子的“沟通力”。

大家可以参考我之前的书《让孩子肯说又肯听的说话技巧》（日本 Sanctuary 出版社）。书中对如何避免说教，用沟通的语言和孩子交流，进行了详细的说明。

孩子通过旁听父母的对话，能潜移默化地学到与面对面交流所不同的沟通方法。

比如，“像这样说，对方比较容易答应”“这样说双方都很愉快”“这样说容易激怒对方”，等等。孩子一边听一边模仿，使用哪些语言，不使用哪些语言，就慢慢地学会了。

这也是弟弟妹妹总被认为“会说话”的原因，因为除了爸爸妈妈之外，他们还可以观察、模仿哥哥姐姐。

如果父母只会说教和命令，那么培养出来的孩子也会认为“人是没有主动性的”。

所以，遇到问题时夫妻双方首先要承认意见分歧，在此之上，相互尊重，彼此谦让，积极沟通解决问题。这样的夫妻对话才能够真正培养孩子的沟通能力。

2 包容多元价值观的能力

家庭是孩子进入的第一个“**社会**”。

家庭首先教会孩子好恶、善恶、同理心、爱惜东西、懂礼貌、守规则，等等。

比如，孩子知道爸爸喜欢打游戏并且打得很好，而妈妈却对此不感兴趣；妈妈会花很多钱买漂亮衣服，而爸爸却对穿着兴味索然。

从日常生活的小事到一些饱含争议的社会问题，孩子能发现，即使是父母间也会有不同的意见、不同的价值观。而父母如何表达不同的见解对孩子影响甚大。

相互尊重、承认彼此的不同，这种态度不仅能让孩子确立自己的价值标准，还能让这一标准得以拓宽。

以前，人们认为父母必须统一观点，否则会让孩子无所适从。其实，这本质上是家父长制[1]的延续。因为爸爸在家里拥有绝对话语权，家庭其他成员都要无条件地服从。

如今我们知道了，孩子并不会因父母观点不一致而无所适从。比起单方面贯彻爸爸的命令或者妈妈的想法，**让孩子接触到不同的价值观**更重要。

实际上，自家的情况不可能放之四海而皆准。

必须承认，这个世界上存在着诸多不同的感受和想法，所以我们才更要培养孩子独立思考的能力。而在当今和未来的社会里，独立思考的能力可以说是所有能力里最重要的一种。

❸ 非认知能力（自信）

在当今的教育界，非认知能力成为全球备受瞩目的能力。

1. 家父长制是父亲或丈夫作为一家之主，通过占有和管理家产来控制妻子、孩子以及其他非直系亲属的家庭形式和观点。——译者注。

所谓的"非认知能力"，包含：

- 朝着目标奋进的能力
- 人际交往沟通的能力
- 控制情绪的能力

以上这些都是无形且不易评估的能力。

我们认为，这些能力要建立在"相信自己"的基础上才能被展现出来。

父母往往把目光锁定在可视的认知能力上，比如考试拿高分了、字写漂亮了、计算速度更快了等，因为这很容易让我们产生孩子"变聪明了"的感觉。

但是美国的研究表明，不可视的非认知能力越高，**孩子今后越容易成功，收入也更稳定**。

这种能力和听写、计算不同，它并不能通过自学或练习来掌握。它是在孩子与他人的相处中，在尊重和关怀的基础上慢慢形成的。

如果孩子字写得很漂亮，父母就会很容易产生成就感。反之，如果孩子总是写不好字，父母也会因此而变得焦虑。

因此，在这之前，在和他人的相处中，通过反复体验喜欢并着迷于一件事情，培养出孩子的非认知能力至关重要。

比如，“只要努力地解释，最后对方肯定会明白”“也有喜极而泣的眼泪”“我也要努力为大家做点什么”之类的想法，这些都是在和家人的朝夕相处中逐渐产生的，仅靠孩子一个人是根本不行的。

这样的想法累积多了就会产生**相信自己的勇气**。

毋庸置疑，像母子、父子这样的纵向关系也非常重要。

有些体验在纵向的亲子关系中难以得到。比如，爸爸说“饭菜真好吃”时，孩子会感受到妈妈的心情变好；瞒着妈妈，和爸爸一起为妈妈挑选生日礼物时，孩子会体验到兴奋的感觉；还有和兄弟姐妹们在妈妈面前争宠，等等。

而这些体验却可以在家庭这个小社会里率先得到。

4 稳定的自我认知（自我觉察力）

什么样的环境对于孩子来说是最好的呢？

很多成功人士都会提起自己幼年时期曾极度贫穷的往事，但其实，最好的成长环境是父母的笑脸和无条件的信任。有了这些，孩子就会有一个幸福的童年。

可以看出，与有形的物质条件相比，无形的家庭关系、交谈时的态度和语言对孩子的影响才是最大的。

一个富裕但夫妻间少言寡语的家庭和一个贫穷但夫妻恩爱的家庭相比，后者一定会比前者更能给孩子提供一个稳定且内心富饶的成长环境。

即使家庭的物质条件不够好，但只要夫妻恩爱，二人的对话中充满着对未来的美好向往，那么生活在这个环境下的孩子也绝不会消沉，他／她一定认为“活着是一件美好的事情”“自己是有价值的”。

5 发现问题的能力（不输于 AI 的能力）

有种说法指出，等现在的小学生长大进入社会时，现存职业有近六成将不复存在，因为这些职业将被 AI（人工智能）所取代。

迄今为止，我们要求孩子在学校和社会上学习的能力都是“将所给的题目快速准确地解答出来”，但是无论你再怎么厉害，都不会比电脑更快、更准。

所以，从今往后我们必须培养出不会输给 AI 的孩子。

那么，AI 无法拥有而只有人类才会有的能力究竟是什么呢？

那就是**“发现问题的能力”**。

诸如自己的烦恼、别人的担心，抑或是从许多难题中判断并总结出大家的烦恼和不安是什么。这些都要建立在与他人的对话之上。

这些问题的答案一般不会通过直接的问答得出，因为你总不能直接问别人："你的烦恼是什么？"这些答案总是在对话中不经意地被表露出来。

"啊，原来是因为这件事而伤脑筋啊。"

"原来焦虑的不止我一个人啊。"

交谈之后自己才恍然大悟。

于是，新的想法产生了。

每个人脑中的想法只有通过话语将信息传递给对方才能成型。

这就是人类独有的能力。详细的内容我会在第 3 章中展开说明。

了解了这五种人类独有的能力之后，我们还需要弄清楚的一点是：家庭内部不经意的对话是如何培养出孩子的这些能力的。

下面，我们通过一些具体的实例来看一看。

第2章

随着父母对话的改变，孩子也会改变

01

对话多，夫妻关系更融洽

↓孩子的情绪更稳定

在我最近的育儿演讲和研讨会中，越来越多的父母提出：“夫妻间几乎无话可说，这可怎么办？”事实上，放眼全球，日本夫妻间对话的时长是少得出名的。

有个节目曾经调查过世界50个国家的夫妻对话的时长，日本排名第48位，与其他国家差距悬殊，平均一天只有53分钟。

借育儿演讲的机会，我也问过很多父母，得到的回答比调查的结果更短，一天大概只有10分钟。

亲爱的父母，你们呢？

夫妻之所以说不上话是因为每天几乎碰不到面。

没有孩子的时候，两个人还能挤出点对话的时间。有了孩子之后，总是优先考虑孩子的生活作息，这就导致夫妻间很难找到一个共同的时间段。

夫妻双方若能调整工作方式，抽时间共同商讨育儿问题是最理想的，可现实总是不允许。

所以，夫妻间的对话越来越少，言辞也变得越来越尖酸刻薄，几乎很难实现有效的交流。

但是，这样的状态真的好吗？

○ 其实我们根本不懂对方的心

在面向妈妈的讲座里，妈妈们是这么倒苦水的：

• 丈夫根本听不进我的话。

• 丈夫对孩子完全不关心。

• 他只会责怪我没有教好孩子，没把家务事做好，我已经不想和他说话了。

• 尝试和他沟通了好几次都被拒绝，所以已经放弃了。

像这样，只要说到丈夫就会没完没了地埋怨。

但是继续追问下去的话就知道，其实妻子是希望丈夫能对自己和孩子多一点关心，帮自己分担一些家务，两人共同教育孩子。

另一方面，在面向爸爸的讲座里，我同样也能听到他们的不满。

• 妻子对我漠不关心。

• 回家之后经常感到妻子很焦虑，她动不动就对孩子发火，我根本没办法插话。

• 她总是把孩子放在第一位，我很孤单。

• 如果我帮忙做点家务，做不好的话就会被训斥，所以根本不想帮忙。

同样追问下去，丈夫也会表示，希望妻子能多关心关心自己，很想为家里做点什么，但根本不知道做什么好，等等。

妻子生了孩子之后生活发生了翻天覆地的变化，而丈夫的生活节奏却仍然和原来一样，这是夫妻间产生误会的原因之一。但是，这也是新手爸爸和新手妈妈在为如何才能扮演好新角色而不知所措之际，两个人都选择了“还是彼此不说话比较轻松”这一错误的方向而导致的。

其实，我认为夫妻双方内心都非常想说：**两个人有事多商量，一起做家务，一起带孩子吧！**

○“夫妻对话”是这样影响孩子的

夫妻双方虽然都想好好说话，但怎么也做不到，反而让人变得更烦躁。

孩子会比我们想象中更敏锐地捕捉到自己父母之间的这些变化。

当父母的对话变得充满火药味时，孩子会想自己能为爸妈做点什么来让他们和好。

孩子如果还小的话，就会试着开玩笑或是扮鬼脸来讨父母欢心。

随着孩子稍大一点，就会**用恶作剧、调皮捣蛋等一系列叛逆的方式来获得父母的关注，给父母创造交流的机会。**

还有一种可能，孩子会认为父母吵架是自己的错，从而陷入自责之中。

这样的孩子需要得到父母肯定啊！

可是因为身心得不到放松，孩子会做出一些奇怪的行为。

随之而来的是，当看到孩子出现了一些奇怪的行为之后，父母又变得更加焦虑。

家庭关系就这样陷入了恶性循环中。为了避免这样的情况发生，首先需要改变的不是亲子关系，而是重启夫妻对话。

看到父母能再次用心交流、相互理解，孩子也能松一口气，安心地把精力放到自己的成长上。

○ 探寻夫妻恩爱的诀窍

说到恩爱夫妻，浮现在大家脑海中的是二人幸福甜蜜地牵着手，或每天都要拥抱之类的场景吧。

但是，恩爱夫妻的相处模式本来就各不相同。

只要父母能让孩子领会到二人协力互助互爱的家庭信念，他们就应该算是恩爱夫妻了吧。

简单地说，首先应该一**起做家务**。

实际上，调查结果显示，丈夫积极做家务的家庭里，大妻关系要比丈夫不做家务的好很多。

说到家务事，脑中浮现的第一印象就是打扫卫生和收拾碗碟之类的事情。其实除此之外，规划和改善家人的生活，让家里的每个人都能变得更好等事务都属于家务事的范畴。

这是需要夫妻双方和孩子同心协力去面对的一项大工程。

既然要规划家人的生活，对话就必不可少了。

夫妻间的对话对孩子的成长有着巨大的影响。

总结

- 夫妻相向而行的态度，会使孩子安心。
- 在宽松的环境下孩子才会产生“思考”的愿望和能力。
- 安排时间让夫妻交流沟通并努力解决问题。

02

用『我』做主语来表达理想和期望

↓孩子学会更好地表达情绪

首先，对话较少的夫妻，请你们先不要有“我一定要说！”的冲动。

这也许会让人感到矛盾，无所适从。

但是请你想想，如果在还没有充分理解交流的技巧之前就强迫自己一定要说点什么，结果可能适得其反。因为这可能会伤害到对方，反而让对方更生气。

我们首先要做的是，**抛弃以增加对话为目的的执念，单纯地想象一下自己理想的家庭应该是什么样子**，理想的自己应该是什么样子，想成为什么样的爸爸或妈妈。想得越具体就越有趣、越有建设性。

你想在家庭中成为怎样的一员呢？

假期里悠闲的妻子或丈夫？

或是在假期里仍然需要去处理工作的父母？

还是到了假期就可以陪孩子去公园玩耍的爸爸妈妈呢？

又或者是想成为家人的避风港？

我认为一家三口悠闲地躺在床上是最最幸福的。

但是如果有人悠闲地躺在床上，有人却在忙着做家务，那么有一方心情肯定是不舒坦的。

其实，这是因为自己想做的事情别人也会想做，自己不愿意做的事情别人肯定也不想做。己所不欲，勿施于人。如果从一开始就能意识到这个问题的话，事情就好办了。

我经常听到有男士这样说："既然做家务是妻子的工作，那么节假日她做家务也是理所当然的。我一直认为她乐在其中呢。"

这是非常陈旧的观念。结果，可以预料，结婚数十年的夫妻最终以"熟年离婚"[1]收场。

教育子女是一份伟大的工作，再加上家务的话，妻子的负担就太重了。因此，家务活应由全家人共同承担才对。

○ 不断吵架的原因

想象了家庭的理想状态之后，接下来要做的事情就是展开对话了。**对话时要注意将对彼此的不满和要求用期待的语言表达出来。**

如果父母总是用期待的语言表达自己的想法和要求，那么孩子既能学会**正确表达自己想法的对话技巧，又不会伤害到别人**，即在不伤害别人的情况下准确地表达自己的想法。

---

1. 熟年，指 40 ~ 65 岁之间的群体。熟年离婚是指 50 岁以上、身处"熟年"范围内的夫妻由于种种原因而离婚的现象。

可惜我们总是太过于在意对方，所以常常无法表达自己的真实想法；另一方面，又认为对家里人不必顾虑太多，就会把话说得很直接，结果常常说过了头。最终便是“一开口就吵架，所以干脆不说”。

很多人都带着上述烦恼找我咨询过。

其实这些问题的症结在于，**一开口就向对方提出要求。**

反复提要求，**其实就是对对方现在所做的事情的指责。**

要求“帮忙做家务”＝责备对方“一点家务也不做”

要求“温柔一点”＝责备对方“你一点也不温柔”

看，其实就是这样。

于是，对话就演变为争吵。

什么是正确表达期望的方法

当然，让对方明白你所期望的是什么，这也很重要。

那么，要怎么表达才好呢？

你是不是经常这样表达期望：

“你应该……”

“你有自己的时间真好啊。”

"还不是因为你什么都不做。"

"你也去……！"

这些都不是激励对方的表达方式。

以"你"为主语来展开对话很容易变成责备对方，主观地将对方定性为"〇〇的人"，如果是这样的话，期望自然难以达成。

不仅如此，一旦你这样定性对方，对方可能真的变成你说的那样。这样就离期望越来越远，因此不能这么表达。

表达期望的时候，我们可以试着这样说。

"我想我们变成这样的夫妻。"

"我也想有自己的时间。"

"我偶尔也想在周末睡个懒觉啊。"

"（我）好想手牵手去散步啊！"

像这样用"我"为主语来表达自己的期望非常重要。

不是要求和责备，而是将自己的感受和想法表达出来，即站在对方的角度考虑问题。而这样教育出来的孩子自然也能够站在对方的角度去思考问题。

总结

· 不要轻言、臆断对方的性格和能力。

· 用"一起○○"的方式提出要求。

· 斟酌言辞，选择可以给对方留下思考余地的表达方式。

03

情况糟糕时不用语言表达出来，别人就无法知晓

↓孩子了解到用语言表达非所见事情的重要性

把自己的感受用语言表达出来以后，试着将对方未曾料及的实情也用语言表达出来，其**关键是要用客观的、双方都能理解的语言**。

如果看到父母能通过对话理解彼此，孩子就会明白语言交流的重要性，学会控制好自己的情绪，客观地分析情况。

如果希望双方都承担家务，那么先试着用语言把家里需要做的家务写下来吧。

比如扔垃圾这件事：

- 把垃圾丢进垃圾箱
- 对垃圾进行分类
- 确认日期，选择需要丢掉的垃圾
- 将每个房间的垃圾集中到一起
- 整理这些垃圾并把它放到外面的垃圾堆
- 重新把垃圾袋套好

像这样把事情细分好。呀！即使是扔垃圾这么简单的家务也有很多道工序呢！

将琐碎的家务事说出来或写下来，然后对每个人需要承担哪些任务进行确认，这样谁做得多、谁做得少就一目了然了。客观地确认家务分担的现状，做到彼此心知肚明。

也就是说，**理解对方所做的事是十分重要的，如琐碎的家务、孩子的教育、工作的艰辛，等等。**

拿给孩子洗澡这件事来举例说明。

我们试着把这件事具体化：夫妻一起做和一个人做是截然不同的。

一个人带孩子洗澡，要先脱掉自己的衣服再帮孩子脱衣服，然后在孩子泡澡的时候迅速地把自己冲洗好。

这个过程里需要一边花心思让孩子安心地泡在水里，一边自己迅速冲澡，然后和孩子一起在浴缸里泡一会儿再一起出来。

为了防止孩子感冒，先给孩子擦干、穿上衣服后，再将自己擦干。

如果每天都是一个人带孩子洗澡，结果会怎么样呢？

这个人肯定会产生“没法好好泡个澡”的不满情绪。

虽然许多爸爸都会说“我在家是负责带孩子洗澡的”，但其实能顺利完成这项任务的背后，不可或缺的是妻子的帮助。

正如很多妻子所说的：“孩子爸总是拣轻松的活儿干，真狡猾。”爸爸先进浴缸，在浴缸里泡澡之际，妻子需要做如下事情。

• 帮孩子脱掉衣服，把孩子带去卫生间。

• 抓住泡完澡出来后到处乱跑的孩子，给他们擦干身体。

• 为了防止孩子感冒，以最快的速度给孩子穿上衣服。

即使是这样，妻子的这些活儿做下来也并不轻松。

若是一个人带孩子洗澡，其中的艰辛更是不言而喻了。

○ 想象彼此的一天

在工作特别忙的时候，不要说："今天也加班！"而应该这样说："工作指标尚未达成，要加班到下周。这个项目我在负责，眼下正在节骨眼上。"

对话时加上"**现状的紧急性**"，需要的"**具体时间**"，等等，这样对方心里才有底。一定要向家人说明工作的困难，因为这是取得家人理解的第一步。

有的人不愿在家谈工作，其实这种想法是相当守旧的。

和家人聊一聊工作的艰辛、乐趣和意义，可以潜移默化地帮助孩子理解工作的意义，让孩子树立正确的职业观。

千万不能认为"即使不说对方也应该能够理解"，或是"不用说那么多，自己一个人努力就行了"。

因为说不准哪一天，一方就会突然情绪崩溃，导致夫妻二人的关系变僵；抑或是彻底死心，陷入冷战。这种情况真的非常多。

“那个时候如果你跟我说就好了。”诸如此类的抱怨不绝于耳。

为了避免发生争执，首先应该做的是，在自己感到难过的第一时间，尽量客观地向对方表达出自己的感受。

总结

· 把事实和盘托出，两个人一起面对。
· 一旦出现不满和疑问，第一时间说出来。
· 描述事实的时候，越具体越好。

04

遭遇困难时寻求帮助，更有助于事情的解决

↓孩子不必独自烦恼，学会用语言寻求帮助

不管是对待家务还是对待工作，大家往往会认为：只要我一个人努力就行了，我自己能扛下来就没问题了。可是事实并不是这样的，起码对于夫妻来说，这样的想法是不对的。

一个人可以做的事情是有限的，若一直咬牙苦撑的话，很容易滋生疲劳感和虚无感。

遭遇困难时能够向别人求助、请别人帮忙是非常重要的个人能力。

在父母相互扶持的家庭中长大的孩子遇到困难时**不会一个人硬撑**。**他会坦率地表达困难，并向外界求助**。

遇到困难时可以找父母谈谈，也可以找父母帮忙，这样的体验越多对孩子的成长越有利。

生活在这个时代的人大多被灌输了“不要给别人添麻烦”的思想，无论自己遇到多大的困难也不会开口去麻烦别人，还有即使别人的要求很过分也不好意思拒绝。有孩子的人时常还会担心孩子的行为有没有给别人添麻烦，神经一直处于紧绷的状态。

但是，仔细想一想就会发现，只要活着就一定会给别人添麻烦。

认识到这一点，我们就会欣然接受别人给自己添的麻烦，**养成助人为乐的好习惯**。

允许自己麻烦他人，也允许他人麻烦自己，在与人的交往中体会到被需要的喜悦。当我们被需要、去帮助别人的时候，自身会产生幸福感。

这也将转化成努力活下去的动力之一。

所以，先从夫妻开始吧，试着去请对方帮忙。

如果担心这样会显得自己很笨或害怕暴露了自己的弱点，那么你可以先试着从客观地描述事情的真相着手。

因为夫妻之间是希望彼此可以相互理解、相互依赖、相互帮助的。

○ 寻求帮助时怎么说对方才会比较容易接受？

我们在寻求帮助的时候，不能说些任性的话或提出无理的要求。重要的是，**让对方明白自己目前处境艰难**。

所以，不要这样说：

“你总是什么都不做，扔垃圾之类的事你总该干一点儿吧。”

“你一天到晚在家悠闲快活得很啊，哪里能看出你说的很忙很累啊？”

要这样说：

“我一个人干这些活儿太累了，一个人干不了，你也来帮忙吧。”

“工作指标尚未达成，这个月是一定要完成〇〇的业绩的。虽然眼下困难重重，但是我正在努力。发了这么多牢骚，对不起。”

先将自己的难处说出来，再去寻求对方的帮助比较好。

为了促使对方产生“一起努力，克服困难”的念头，如果能微笑着说出请求，就更好了。

○ 意识到“自己不是单打独斗”，心情就会变得轻松

有一位女士，当她第一次试着向丈夫倾诉自己的难处时，丈夫竟然立刻给她做了一碗芋头味噌汤。然后丈夫说：“削完芋头皮后，手真的好痒，原来你每天都是这样给我们做饭的啊。谢谢你了！”

比起丈夫给自己做芋头味噌汤，那句**发自内心的“谢谢”**更能让人感到幸福。

自己的艰辛付出能被别人理解，比什么都重要。

退一步说，即使不能立刻付诸行动，说一句“你真是不容易啊”，和对方共情，也能让对方的心情变得轻松。

为了减轻家务或者工作量，有人会想到买一些家用电

器来做家务这样的办法。

这当然也不失为一个好办法，但重要的是**两个人协商、一起想办法，而不是一个人独自面对**。

先明确问题出在哪里，然后夫妻双方共同想办法解决——不是“丈夫 VS 妻子”，而是“夫妻 VS 难题”。只要有这样的思想觉悟，夫妻之间肯定会更亲密。

总结

· 表明事情的艰辛，引起情感的共鸣。
· 夫妻齐心协力共同面对难题。
· 家庭各成员之间也要互相帮助。

05

是『认同』，不是『默认』

↓孩子成为值得信赖且有领导力的人

读到这里，我想各位读者即便没有“我一定要说些什么”的兴奋和冲动，也会有想跟对方展开对话的想法了吧。

那么，我们回过头来关注夫妻之间的理想状态吧（如果对方有什么让人讨厌的地方请暂时忽略掉）。

- 自己的愿望、理想中的夫妻→目的（未来）
- 自己所处的现状→现实（现在）

接下来请夫妻双方一起来寻找“**问题**”、分配“任务”。

即便夫妻双方已经找到“问题”，分配完“任务”，可当对方没能守约的时候自己也会感到失望。“已经决定好了洗衣服是你的事情，可是你为什么不做呢？”像这样总希望对方能够说到做到。

话虽如此，首先，我们应该说一些“**认同对方的话**”。

事实上，让孩子看到父母相互认同的样子，有助于培育他们的领导力。

所谓领导力并不是将自己的想法强加于人，而是为了执行自己的想法，如实地承认并学习对方的优点，由此获得成长的柔韧性。

这样的人会得到周围人的尊敬和支持，大家也愿意与他一起努力。

○ 你准备好“认同”了吗?

很多人经常把默不作声视为“认同”，其实这是不对的。

“认同”绝非是“默认”。

比如，妻子在做家务的时候，丈夫在手机上打游戏。虽然原本应该两个人一起做家务，但是妻子心想“算了，就让他玩一会儿吧”，然后默默地忍受了。

可是，一个小时过去了，丈夫还在玩。

妻子就会抱怨道：“你就知道玩游戏啊，做点家务、带带孩子总该可以吧。”

其实这个时候妻子已经怒不可遏了，心想：我明明已经让你玩了一个小时的游戏了。

可是丈夫呢，他只会觉得奇怪：怎么妻子突然就生气了?

遇到这种情况该如何应对呢?

这个时候妻子可以说：

“你在干吗啊？打游戏吗？好像挺好玩的啊。我在做饭，等你打过这关就过来帮忙吧。”

要像这样，**首先说一些认同对方的话**（“游戏很有趣”）。

30 分钟后再说：

“还没打过这关吗？我一个人忙不过来了啊，快来帮忙。”

像这样发出帮忙的请求。因为丈夫做的事情刚刚获得了认可，所以这次轮到他回应妻子的请求了。

而默不作声只能适得其反，一定要注意。

总结

- 默不作声并不是认同。
- 先认同别人，才会被别人认同。
- 被认可的人才会变成值得信赖的人。

06

父母吵架可以让孩子看到，但关键是，还要让孩子看到和好的过程

↓孩子学会通过对话化解矛盾

虽然我们说出了认同对方的话，但对方也不一定会立刻改变。

其实改变自我也不是件易事，更何况改变他人呢。

所以，吵架是不可避免的。

这里我们来考虑一下夫妻“吵架”的含义。

是夫妻双方“相互指责，相互伤害”吗？

绝对不能这样。

因为无论对谁，这都不是具有建设性的行为。而且如果是单方面用言语或蛮力伤害对方的行为，那就不是吵架，而是“施暴”了。

据说这种**用言语伤害对方的吵架会对孩子的大脑产生非常坏的影响**。

因此有一种说法是：绝对不要在孩子面前吵架。但我认为，除此之外还有另外一种是带有建设性的吵架。

有时我们也会因为怒火中烧，而向对方大声吼出心里的想法，但是在心底，我们还是想成为理想的夫妻，愿意相互理解，所以才会那么用力地去表达。

正因为双方都相信彼此间能够相互理解，所以有时候可以借助吵架来说出真心话。

○ 吵架的“结尾”很关键

对于孩子来说，最关键的是“吵完了之后”。

夫妻通过吵架，相互了解到了什么，今后该如何去做，并通过对话交流最后重归于好。

让孩子看到最后父母是如何和好的，这是最好不过的。

不要说：

“我就是想……！”

“简直不可理喻！”

而要这样说：

“那我们做……如何？”

“原来是这样，这样的话好像也可以。”

“刚刚没控制好情绪，抱歉。”

“相互理解就好。谢谢你告诉我。”

让孩子看到上述交谈是最重要的。

孩子如果从来没看过父母吵架，那么**他/她就只能在不懂正确的吵架方式下成长**。其结果是一旦想要坚持己见就只会诉诸情绪去责怪对方。

这种做法说得好听点是任性，说得不好听就是欺凌。

如果孩子偶尔看到父母一方带着情绪说了难听的话，但之后仍能听进对方的意见，并做出让步，那么**父母这样努力解决问题的态度就会深深影响孩子**，使孩子在和他人的交往中不会任性或者欺凌别人，并从中学会表达自己的想法。

孩子还会进一步思考，究竟如何表达才能被别人理解和接受。

总结

· 停止言语上伤害式的吵架。

· 即使吵架了，双方也要认真找出解决办法。

· 让孩子看到并了解到，只要好好对话就能达成共识。

07

夫妻之间最重要的是相互坦诚

↓孩子学会审时度势、顺势而为

很多父母都希望自己的孩子言行一致、表里如一，而不是假惺惺地说客套话。

其实完全没有必要担心孩子在家里说的和在外面说的不一样，因为所谓的客套话，只是社交场合中的一种礼貌行为、一种社会规则而已。

为了让对方更好地理解自己，区别使用真心话和客套话，对于构建和谐的人际关系有着非常重要的作用。

不过，如果一味地追求人际关系的和谐，而隐藏真心只说客套话的话，就会变得讨厌与人交流。

所以，**家庭应该是一个可以主动示弱、吐露真心的地方**。

暴露彼此的弱点也许会让人感到不安，但是我们的弱点本来就需要被某个人看到和接纳，这样才能维持我们内心的平衡。

与家庭成员分享自己的弱点，这能让你在外面展示强大的自己，勇敢地担负起应有的责任。所以，不是“一定要做个完美的爸爸！”或者“绝对不能示弱”，而是有时也会承认“失败了”，但始终坚信“在外面仍是一位坚强的妈妈”。

看到父母在家也会分享彼此的失败和弱点，孩子就会变得安心。

让家庭成为一个可以让孩子说真话的场所吧。

随着孩子逐渐长大，他就会慢慢懂得根据 TPO（time 时间、place 地点、occasion 场合）来调整自己的行为。

父母外出时，精心打扮一番；接电话时，使用礼貌语。孩子看到家里家外父母不同的样子，就能学会区分场合。

有些妈妈看到孩子在家和在学校的表现不同，担心孩子会撒谎。但是，这其实是孩子在父母面前刻意做出的应对，说明他们已经学会分辨场合，是值得表扬的。

总结

· 让家成为可以示弱、吐露真心的地方。
· 保持真心，需要有区别地使用客套话。

08

说对方坏话的同时，不要忘记夸奖对方好的一面

我们接受的教育是“不可以说别人的坏话”，但我认为和家人说一下也无妨。因为这样做还是有一些益处的，比如：

- 释放累积的负面情绪，让人变得神清气爽。
- 能够重新反省自己。

而在外面几乎不可能说出这些话来。

即便如此，在家里说坏话也有一些规则。

我认为以下四个原则非常重要：

①不可以对外宣扬

②不可以上传到网络上

③认真思考“我要怎么做”

④试着找出对方的优点

尤其是第④点，**找出对方的优点**，情绪稳定之后**再去试着理解对方**。

如果能做到这四点，那么在家人面前吐槽就没有问题。

孩子从中可以学到，什么事情会惹人生气，然后逐渐建立自己的行为准则。

与通过打骂来让孩子分辨是非的做法相比，更好的做法是让孩子**从父母充满感情的日常对话中学习善恶**。

尤为重要的是，最后一定要站在对方的立场，为对方考虑。

○ 从对方的坏话中我们能发现什么

说坏话是需要勇气的，因为它会暴露我们的价值观。

尤其是夫妻，通过对方说的坏话就能了解到另一半为何会生气，有什么不满。

比如，妻子说：“A 主任竟然在大家面前说，‘因为孩子生病之类的事就请假，真是不上进’，这太不像话了，真是个啥工作能力都没有还要威风的老头子。”

这时候妻子到底是在气什么呢？

- 认为很重要的事情没有得到共情（孩子生病是大事）。
- 被误解为不重视工作（请假是万不得已）。
- 蒙羞（在大家的面前说出来）。

从她的话里可以推测出以上三点。

此时的丈夫，应该参照上述四原则中的第③点，因为

这是一个绝佳的契机，来认真思考“我要怎么做”。

在这种情况下，丈夫应该站在妻子一边，肯定妻子的做法。丈夫可以这么回答：“我是绝对不会对属下说那样的话的。”

以后如果孩子生病的话，顾及妻子的心情，丈夫会主动提出“我来请假”，由此产生共情。

再比如，丈夫说：“B 先生每次回家，妻子都在生孩子的气。这样的妻子谁都受不了啊。上班累得要死，回家还要看脸色……”

他是想表达什么呢?

• 希望妈妈有一个稳定的情绪（遇到一个情绪化的妈妈，孩子真是太可怜了）。

• 认为家应该是一个避风港（而不是相互伤害的地方）。

所以你看，通过吐槽别人可以让对方了解自己的期望。

听到丈夫上述一番话后，妻子也会留意自己对待孩子的态度，努力做到情绪稳定。

等夫妻双方达成共识，情绪稳定下来之后，再继续以下的话题。

“如果下属总是请假，作为上司，的确也会感到很为难。而且老是请假也会给别人造成很多不便。上司只不过是杀鸡儆猴罢了。”

“B 先生也不问问妻子为什么生气，这点做得也不好。”

像这样，再找出对方“好的一面”或者“换个角度”看问题，谈话才能继续下去。

最后，不要忘记叮嘱孩子：“这些话千万不可以说出去，这是我们家里的秘密。”

重点

√ 理解对方通过吐槽到底想要表达什么。

√ 积极思考：换作我该怎么办。

√ 经常“换个角度”看问题。

09

听懂『话外音』，理解说话人的真实意图

——孩子在说话之前仔细思考、斟酌字句

当孩子说“不愿意”的时候，很多妈妈都会说“不愿意就算了吧”。

实际上，孩子说的“不愿意”可能有很多种情况。

“现在，不愿意。”

“一个人不愿意，妈妈陪着的话就可以。”

“虽然在大家的面前不愿意，但没人在场的时候还是可以的。”

“不愿意一直做，只做一次的话还是可以的。”

孩子的确有很多想法，但因为他们还是孩子，所以只会用“不愿意”来表达。

这个时候恰恰是父母引导孩子学习正确表达自己想法的好时机。

如果父母能通过补足对话加以引导，那么孩子也会学着如何准确表达自己的真实想法。

亲爱的读者，平时你们从对方的话中能听懂多少对方的意图呢？能做到补足对话、增进交流吗？

○ 不能以主观臆测结束对话

例如，你让对方回家的时候帮忙买盒牛奶回来，对方却来了句：“啊？”

你是怎么理解这个“啊？”的呢？

- 对方不喜欢喝牛奶。
- 对方嫌麻烦。
- 虽然对方的反应让我吃惊，但还是会为我买回来的。
- 自己去买算了。
- 回答“好的”不就结了，干吗要说：“啊？”

听话人的理解多种多样，而说话人的意图只有他本人才知晓。

所以想要确认话语中的意图，就需要补足对话。

如果不去交谈，仅凭自己的主观臆测，造成误解让对方失望，真是不理智。

当我们听到这个“啊？”的时候，不要立刻生气，也不要想着“算了”，而是站在对方的立场上**增加一些对话**：“今天忙吗？方便买牛奶吗？超市营业到 11 点的。”

像这样，通过夫妻对话的示范，培养孩子准确地表达的能力。

重点

√ 学会听懂言外之意。

√ 不要总往坏处想。

√ 通过对话弄清对方的意图。

10

选择对方乐于接受的方式进行对话

妻子最讨厌丈夫的其中一点是，他无论什么时候都不说“谢谢”。

如果夫妻间经常说“谢谢”，那么孩子在和别人交往的时候也会把“谢谢”挂在嘴边。所以即便是为了孩子，妻子也要费点心思让丈夫学会说“谢谢”。

- 自己（妻子）做示范，经常说“谢谢”。
- 在丈夫说出“谢谢”之前，递过去的杯子绝不放手。

让人遗憾的是，说不出“谢谢”的仍旧大有人在，这让妻子们非常不满。

在为爸爸们举办的讲座上，我提到这件事，结果很多爸爸非常吃惊：“有这个必要吗？”

家里的事情都是交给妻子的，理所当然是让妻子做啦，难道还要说“谢谢”吗？

可是丈夫却希望：“我下班回到家打开门后说‘我回来啦’的时候，妻子可以对我张开双臂，并回应，‘今天又上了一整天的班，辛苦你了，谢谢！’”[1]

在为妈妈们举办的讲座现场，我也让在场的妈妈们回

1. 在日本，很多家庭的女性在家全职照顾丈夫和孩子的起居，也就有了文中所说的事例情况。

忆一下自己有没有说过爸爸想听的感谢话。

结果，妈妈们意识到自己也几乎没说过："你今天又上了一整天的班，辛苦啦，谢谢！"自己不说，对方当然也不会说。

也就是说，妻子同样认为丈夫每天上班是理所当然的，不用说"谢谢"。其实，夫妻双方"半斤八两"。

正因为夫妻彼此认为对方所做的事理所当然，所以也就无法向对方表示感谢。

要求对方说自己想听的话，就是未能做到替对方着想。首先夫妻应该谦虚承认这一点，并由此展开对话。

下面我们来看看夫妻双方都希望听到什么话。

为此，我咨询了很多对夫妻，问他们听到哪些话会觉得幸福，最想听到哪些话。

○ 让妻子感觉幸福的话——第 1 位

"我替你做好了。"

针对妻子觉得那些是自己的份内之事（家务、育儿），丈夫却能说："我来做。"这最能让妻子感到安心和幸福。

"悠着点儿，不急。""累了的话，稍微休息一下比较好哦。"诸如此类的话是不明智的。

这些话听起来好像是关心，实际上反而会让妻子变得更加烦躁。

因为休息只会让家务有增无减，最后还是要妻子自己来做。

所以如果想要表达关怀，可以在句末加上“我来帮你做吧”。

比如：

“**我带孩子去公园玩吧，偶尔你也要放松一下才好**。”

“**我来收拾和买东西**，你今天早点儿休息吧。”

“晚饭想吃什么？**今晚我来做**，你陪孩子去练钢琴吧。”

诸如此类能让妻子切身感受到负担减轻了的话是很重要的。

而且，比起什么都不说就直接去做，事先告知妻子比较好。因为这样妻子才能安心地统筹安排。

可以先问妻子希望自己干哪些事，比如“现在需要我做什么，我去做”“这个该怎么做？”，等等。这些都是非常好的。

和“我已经把衣服洗好了”相比，说“这件和那件，放进洗衣机前是不是要先手洗一下比较好？”更能体现出对妻子的尊重。在尊重妻子的前提下做家务，既能切实减轻妻子的负担，也能让丈夫做家务的能力得以提升。

比起丈夫不管不问，只按照自己的想法来做家务或照顾孩子，先询问一下妻子需要帮哪些忙，再按照顺序来做更能让妻子感到幸福。

○ 让妻子感觉幸福的话——第 2 位

“一起做吧。”

丈夫有一起做家务和育儿的意识很重要，这能让双方相互信赖，增强家庭的凝聚力。而如果压力都在妻子身上，妻子就容易变得焦虑。

与其把做饭视为妻子份内的事情，问：“晚饭吃什么？快点哦！”不如说：“一起做吧！吃什么呢？”这样更能让妻子感受到丈夫的真心。

一个人做饭的时候，另一个人端端盘子，擦擦桌子，摆摆筷子。像这样大家同时做着不同的家务，**妻子才能切实地感受到双方都承担了家务活。这是非常好的方式**。

很多妻子表示，如果自己在忙着做家务的时候，丈夫却在放松，比如打游戏、玩手机或者看电视，她们就会变得特别易怒。丈夫们尤其要注意。

双方协力完成家务之后一起放松，才会让妻子更高兴。

○ 让妻子感觉幸福的话——第3位

“你真是太不容易啦，谢谢！”

共情和感谢的话，无论什么时候都会让人感到舒适和幸福。

尤其是在切身体会到了那份艰辛之后再表达感谢，更能让妻子倍感幸福。

即使是用平淡而朴实的语言表达，效果也一样好。

比如，帮妻子拎起装着萝卜、白菜的购物袋时：“好重啊，你每天都要拎这么重的东西，还要带着孩子，真是太不容易了，谢谢！”

接下来，我们来看看丈夫最希望听到妻子说什么。

○ 让丈夫感觉幸福的话——第1位

“今天又工作了一天，辛苦了。”

这是丈夫最希望听到妻子说的话，虽然写在纸上来看是非常普通的一句话。

大概是因为太过理所当然了，所以说不出口吧。

确实，妻子也是这么认为的。

和妻子每天做家务、育儿希望被认可一样，丈夫每天去上班也希望被认可。尤其是夫妻，则更希望能得到对方的认可。

明明自己开不了口，却偏偏只想让对方说出来。这样的夫妻其实是“半斤八两”啊。夫妻双方的需求其实是一致的，这个问题值得重新思考。

○ 让丈夫感觉幸福的话——第 2 位

“谢谢你！”

确实，感谢的话会让人感动和幸福。

丈夫去上班、做家务，做些本来是妻子要做的事，这些妻子都明白，也很感谢。可是如何表达才能让丈夫感受到妻子对他的理解和感谢之情呢？这一点非常重要。

有些妻子认为，丈夫不说却要她说，真让人恼火。

不过有研究表明，妻子的感谢话语能让丈夫的工作能力大幅提升。

家庭是需要夫妻双方共同经营的。

○让丈夫幸福的话——第 3 位

“还是你靠谱。”“有你真好。”

“因为有你”是一句能让丈夫倍感幸福的话。

大多数丈夫都不会向妻子和家人提及工作中的问题和

困难，因为他们不擅长（我个人认为还是说出来比较好，明明说出来后事情会比较顺利）。

有些丈夫会认为反正和妻子说了她也不明白。其实对产生这样想法的丈夫来说，妻子的认可反而更加重要。

每天都向丈夫表达“谢谢你来处理善后”“还是你靠谱”，这种有你真好的“小确幸”是很重要的。

我们常常会思考什么话能让对方高兴。其实与华丽的词藻相比，那些平淡且朴实的日常对话更加珍贵，更能打动人心。

那些听着父母充满爱意的对话长大的孩子真是特别幸福啊！

重点

√ 在要求对方之前先反思自己有没有做到。

√ 了解对方最想听到什么样的话。

√ 与其花言巧语，不如用最朴实的话传递感谢之情。

11

不能只用金钱衡量事物的价值

——孩子确立自己的幸福标准

购物、旅行或者给孩子报辅导课，决定这些事情时夫妻的标准是什么？

价格固然是标准之一，但在昂贵和便宜之外，应该还有其他一些衡量、判断的标准。

对于当今社会的孩子来说，拥有正确的价值观尤为重要。因为只有这样，孩子才不会被某一种价值观所束缚，才能够学会兼容并包地看待事物。

虽然继承传统是非常重要的，但是只有通过观察父母如何珍惜当下、守护家庭，孩子才会建立与时俱进的家庭观念。

举个例子，比如在孩子面前，爸爸说："找钟点工太浪费钱了。"妈妈却说："用钟点工的话，我能更有效地利用自己的时间和体力。"上述对话中，夫妻俩分别从"价格"与"时间和体力"的角度表达了各自的意见。这能让孩子认识到判断标准可以多种多样，它不是唯一的。

与其把时间和体力花费在家务劳动上，不如善用科技利器，将节省的时间用于家庭欢聚。

与其心急火燎地追求家务事尽善尽美，不如买成品菜，用带烘干功能的洗衣机、洗碗机、扫地机器人等，把节省出来的时间用于和家人一起轻松愉快地度过，不是更好吗?

当然，有人喜欢做饭，喜欢洗涤，不让她们做她们反而会焦躁，这种情况则另当别论。

找出契合夫妻双方的好办法不仅令人心情愉快，还能让事情变得简便，更省时省力。

最重要的是夫妻可以通过对话，描绘出理想生活状态的愿景。这个过程**既能让彼此知道对方最珍视的东西，也能了解各自的底线**。

夫妻双方要通过对话探讨婚姻生活的理想状态。

总结

· 用多种标准进行判断，而不仅仅用金钱的价格来衡量。
· 寻找快乐的生活方式，避免焦虑。
· 预先了解各自的底线。

12

家庭比个人的风光体面更重要

↓孩子树立正确的『婚姻观』

不知是从什么时候开始，贬低配偶的文化在日本盛行开来。但是，未来应该是夫妻齐心协力，共同守护家庭的新时代吧。

与社会上个人的光鲜靓丽相比，和谐的家庭氛围才能让人心情愉快，百折不挠。

在外吃饭的时候，有些人常常因为太过顾及服务员和店里其他人的感受而忽略了自己的家人，破坏了一家人欢聚的气氛，我为此感到非常可惜。

比如，席间妻子问服务员："这是什么菜？"丈夫却立马打断道："你连这个都不知道吗？丢人，别问了！"

又或是妻子在大家的面前说丈夫："你这个人总是不识趣，所以别开口说话啦！"

说出这番话的人才是真正的丢人、不识趣呢。

能一起听着服务员的解释，享受用餐的乐趣，这才是真正的让人羡慕的好夫妻。因此，不用太过顾及服务员的感受。

无论什么时候，夫妻都应该是站在同一战线上的队友。

在盛大的场合，多说一些"多亏了亲爱的妻子""正是有了丈夫的支持"这样的话，既能让自己出彩，也能展现家庭的和睦，家庭关系也会变得更稳固。

在这样的家庭中成长起来的孩子，自然会建立积极的婚姻观，孩子也会慢慢成长为可以守护家人的、强大且有担当的大人。

总结

· 在家庭中培养孩子与时俱进的婚姻观。
· 在外面也需要说重视家庭的话。
· 与家人共度美好时光。

第 3 章

接受对方“本来的样子”，夫妻和亲子关系都会变得更轻松

父母要以培养孩子的『自我认同感』为己任

这章我们来聊一聊育儿过程中亲子、夫妻关系里的关键问题。

首先，一起思考：父母的作用是什么？

- 为孩子创造一个安心安全的成长环境。
- 关爱孩子。
- 给孩子创造有规律的生活。

乍一看，以上每条都很重要。但是，我想不同的亲子关系也会给出不同的答案。

那么，父母这么做的目的又是什么？

那就是“**培养孩子的自我认同感**”。这是身为父母的首要任务。

很多父母应该也都知晓这一点，因为它确实非常重要，所以请允许我详细展开论述。

所谓自我认同，就是内心强大，能坚信“我是我”“我是被需要的”“我是被爱的”“我喜欢我自己”。因为这是让孩子成长为独一无二的自己的基石，所以非常重要。

关于自我认同，给人的印象好像是：总是非常乐观、充满自信，但其实并非如此。

真正的自我认同，是指整个自己，连同被认为是缺点的部分，都被全盘接受。优点自不必说，重要的是缺点也能够被接受。**全心全意地爱着这个并不完美的自己**。

○ 实现独立，自我认同感至关重要

如果一个人有了自我认同感，那么他会拥有以下三个重要的能力。

- 勇于挑战新事物的能力。
- 敢于打破壁垒的能力。
- 设身处地为对方着想的能力。

这样有自我认同感的人会用自己的头脑思考，开拓自己的人生，**成为真正独立的人**。

遗憾的是，有调查数据显示，与其他发达国家相比，日本孩子的自我认同感非常低。

超过半数的孩子“对自己没有信心”“觉得自己没有价值”。这样的调查结果真的让人非常难过。

自我认同感低的孩子，缺乏主见，容易看轻自己，被人左右，总认为“或许别人说得对”。一遭遇挫折就会说“是他让我这么做的”，通过指责他人来推卸责任，逃避困难。

然而，这样的做法是无法开启属于自己的人生的。对于自我之中难以认同的部分，希望通过别人“多看看我，多表扬我”来实现认同。可是，这只能是自欺欺人。

最终本人痛苦不堪，身边的人也深受其害。

可见，培养孩子的自我认同感是父母育儿的第一要义。

无法控制愤怒是因为『器』小

我在演讲中，常常把自我认同感比喻成“器”[1]来解释说明。

如果把知识、信息、社会规则、沟通力等统统比喻成“水”的话，那么能够承载这些东西的就是自我认同感，即“器”。

当然我们都希望这个“器”越大越好，越深越好，越坚固越好。

可是，绝大多数的日本父母在铸造“器”之前就已经拼命往里加“水”了。

他们千方百计地寻找、选择各种“水”，然后汲取出来想往“器”里加。

但是这个时候“器”还很小，水很容易溢出来。父母一味地往孩子的“器”里加水，结果肯定是哗啦啦地溢出来……循环往复，父母们也筋疲力尽。

因为装不进去，所以父母会变得急躁，动不动就吼起来：“你怎么老是做不好！”“要我说几遍你才明白！”殊不知，“水”只有由孩子自己寻找、选择、汲取、注入，才能发挥效力。

这才是培养孩子的**主见和行动力**的正确方式。

---

1. 此处的“器”可以理解为“才干和器量”。为了配合本书原文，在此保留。——译者注。

由此可见，需要父母们做的并不是去注水，而是努力把“器”铸造得又大又结实。

铸造“器”的方法，只有一个。

那就是通过**每天听父母的对话来完成**。

通过每天听父母的对话，孩子会了解到自己的优点和缺点，知道自己被父母全盘接纳，感受到自己被父母深爱着。

所以，孩子才会产生“我肯定可以”的自信。自我认同感就这样慢慢地被培养出来。

综上所述，父母的对话可以铸造孩子的“器”。

然后，再往里注入社会规则、知识等各种“水”。

理解这一点之后，按照这个顺序来进行对话就会事半功倍。

培养孩子的自我认同感，是需要父母共同努力的大事。

人生路漫漫，为了能够源源不断地汲取“水”，父母必须为孩子铸造出又大又结实的“器”。这也是父母馈赠给他们的最好的礼物。

父母应该怎么说，才能培养孩子的『自我认同感』？

那么，究竟哪些语言能够培养孩子的自我认同感呢？

我在第1章里也为大家做了阐述，比如：

“快去收拾！”

“别大声说话。”

“怎么不说谢谢？”

其实上述父母挂在嘴边的话都是错误的示例。

命令、禁止类的语言是最具代表性的、会阻碍孩子建立自我认同感的语言。

能培养出孩子自我认同感的语言，恰恰是那些认同孩子的语言。

那么，“认同的语言”是什么呢？

其实就是“**非否定性的语言**”。

有的父母可能会想，天下哪会有否定子女的父母呀。然而，多数父母本着教育的初衷，结果却对孩子使用了大量否定的语言。

比如，对正在给花涂颜色的孩子说：“再认真地看看这花儿，不是你涂的那个颜色，是粉色呦。”

公园里小朋友们都在兴致勃勃地玩耍，只有自己的孩子一个人在观察蚂蚁。于是，大人对孩子说：“蚂蚁有什么好看的，和大家一起玩才更好玩哦。”

抑或是对只和男孩玩耍的女孩说：“你是女孩，要和女孩一起玩哦。”

诸如此类的话还有：

“不是这样，而要那样。”

“这样做不对哦。”

“为什么要那么做呢？”

父母不经意间就会用上述口吻对孩子说话。这些话都有碍孩子建立自我认同感。

当孩子们在做事情的时候，先给予他／她肯定吧。

“你给花涂的颜色真好看。”

“这些蚂蚁真有趣。”

“这些小男孩真活泼啊。”

不要急着否定孩子的言行，应该从认同他／她开始对话。

再说一遍：我们并非要教出一个“听话”的孩子，而是要培养一个有主见和行动力的孩子。要想培养孩子的自我认同感，就要先铸造好孩子的“器”。

『认同』与『表扬』的区别

用一句话来概括什么是“认同的语言”，真的非常难。但是因为它尤为重要，所以我还是要展开来详细地说明。

“认同”和“表扬”，两者到底有什么区别呢?

“孩子应该多表扬。”“表扬和批评的比例7:3最好。”这些话如今已经成了社会的共识。

但是，如果表扬的方法不得当，反而会起到反作用。

为什么这么说呢?因为父母表扬孩子时，会和偶尔进行的批评一样，**产生驱动孩子按照他们意志行动的力量。**

我从汐见老师那里听说了一个很有趣的实验。

老师对一位总是习惯训斥孩子的妈妈说：“接下来的一个小时，请和孩子一起玩，但绝不可以训斥他。”

结果仅仅过了半个小时，孩子便困惑地问道：“为什么妈妈不生气呢?”

当他了解到为什么妈妈不生气了之后，开始创造各种玩法，悠闲放松地玩出了新花样，非常愉快。

一个小时后，这位孩子的妈妈泪眼婆娑：“孩子原来是这么有想法的!我总是批评他，才把他的创造力扼杀在了萌芽里，从今以后我再也不会训斥他了!”

另一个实验里，老师同样要求一个总是表扬孩子的妈妈："接下来的一个小时，请和孩子一起玩，但绝对不要表扬他。"

同样约莫过了半个小时，孩子便困惑地问道："为什么妈妈不表扬我呢？"

得知不表扬的原因后，你猜孩子怎么了？

他挑战了连妈妈都不敢想象的新玩法，玩得非常投入。

一个小时后，这个妈妈也一把鼻涕一把眼泪地说："没想到我的孩子竟然有这样的能力，真是太让人吃惊了。我总认为表扬是一件好事，没想到这只是把我的想法强加给孩子。"然后她陷入了沉思。

原来，父母的本意是：表扬可以让孩子更好地发挥他们的潜力，没想到这样做的同时也否认了孩子自己**真正想做的事**和**本来拥有的能力**。

因为孩子拼命地想得到父母的表扬和认可，所以他们在"自己想做的事情"和"父母想让自己做的事情"之间会选择后者。

父母认为的讨厌的事情或无聊的事情，如果换个角度或者透过孩子的角度，也许会激发孩子了不起的能力。

所以第一步是要**相信孩子本身就具有力量，认同孩子当下所做的事情。这一点非常重要**。

所谓"认同"，就是能够设身处地地站在对方的角度说话。

只要认同孩子，孩子就会爆发出超出父母想象的能力，养成独立思考的能力。如此反复，“器”就会逐渐被铸造得又大又结实。

为什么夫妻间的相互认同很重要？

即便明白了表达“认同”的重要性，是不是实践起来仍旧感觉有些困难呢？

的确如此。为什么呢？因为当父母还是小孩子的时候，就没有从自己的父母那里得到过足够的认同。

父母小的时候，经常听到的话是：“别那样做，要这样做。”“没问你的想法。”“你那样做的话肯定会失败的。”那个时代是默不作声地听父母的话，听老师的话，听领导的话就会被称赞为“好孩子”的时代。

但是，现在是教育和育儿的转变期。我在第1章里也说了，我们的时代已经从教出一个“听话”的孩子的时代，转变为要教育出有主见和行动力的孩子的时代了。

所以，父母必须学会说出认同的话语。

当然，到底哪些语言才是认同，一个人有时还拿不准。但是只要父母齐心协力，努力表达认同，就一定能培育出孩子的“器”来。

只要夫妻二人能体会到使用认同语言所带来的变化，他们就会逐渐学会如何对孩子使用认同的语言。

○“认同”的阻碍是什么

话虽如此，仍有一群叫苦不迭的父母，他们觉得生活中每一天都践行认同，这样太辛苦。

认同这件事，如果平时不用心，不仅仅是对孩子，对自己以及夫妻间的认同，其实都是非常难践行的。

阻碍认同的究竟是什么呢？答案是意识中的“**我的常识**”，也可以称之为“**应该**”。

你是否也有这样的想法？比如：

“每天亲自下厨的妈妈才是好妈妈。”

“不轻易流露感情的爸爸才是好爸爸。”

你有没有被自己头脑中完美的“爸爸形象”“妈妈形象”所束缚呢？

身为父母却未能尽职，于是对自己失望，强迫自己一定要怎样怎样，然后变得焦虑，陷入自我厌弃。

越是认真努力的父母，越会对孩子严格要求，认为**“孩子就应该……”，其实这忽略了孩子自身的性格特点**。

曾经有一位妈妈这样问我：

“我尽量对孩子使用认同的语言。比如孩子在医院里大声说话时，我对他说，‘大声表达自我本来挺好，但这里是医院，所以还是注意一点比较好’。可是，对不做作业的孩子，我是无论如何也说不出认同的话来。我到底该说些什么才好呢？”

亲爱的读者，如果是你的话，你会怎么说呢?

“不做作业啊，真是厉害！”这样说的话，太奇怪了吧。

实际上，**此时的“做作业或不做作业”是从父母的角度来看事情的**，问题的关键就在这里。

孩子没有做作业，那么到底在干什么呢?

如此一问，妈妈们才恍然大悟，孩子往往是“在读书”或“在玩游戏”。

是的。这些信息都还没有通过语言表达出来。

“读书读得很痴迷呢。”

“游戏好像很有趣呢，打游戏时注意力很集中啊。”

仔细观察孩子，站在他们的立场上发出声音，这就是认同的语言。

有些妈妈想通过“默认”来表示认同，但孩子可能根本感受不到其中的认同。这一点需要特别提醒。

○ 认同每位家庭成员的努力

还有一位妈妈难过地问我：

“我家的孩子每天在家什么都不做，就是发呆、闲晃荡，难道这也要我认同他吗？”

如果是你们，会用什么样的语言去认同呢？

在父母看来，孩子是在发呆，可孩子的心里却可能在想着今天学校里发生的事，这里面还可能会有一些不愉快的事情，孩子正盘算着明天在学校里该怎么应对呢。

所以，首先可以这样说：

“你今天在学校里学了一天。妈妈今天也忙活了一天，咱们俩现在都歇一会儿吧。”

又比如，妈妈今天为工作、学校的家委会事务等忙活了一天，然后又急急忙忙地去买菜，回到家又忙着洗衣服做晚饭……现在终于可以稍微休息一下了。

就在此时，丈夫回来了，见状说道：

“别躺沙发上休息了，赶紧去做晚饭啊！我今天可累死了。”

听到这句话的妻子会想：“什么？！我今天也很累呀。”

但如果丈夫这么说：“你今天忙得够呛吧。我今天也是一样，累死了。我们俩都休息一会儿再一起做晚饭吧。”听到这样的话，好像又会重新有了干劲。

孩子也一样。

先对孩子说一些认同的话，这样孩子会觉得自己是被理解的，自然会打起精神来写作业。

可见，认同孩子的确非常重要。但**认同爱人、认同自己也同等重要**。

重要的是，**不要默认，更不能放任，要用语言互传心声**。

孩子首先看到父母之间相互认同，从中学会认同自己、认同他人，由此铸造出自己的“器”来。

“器”被铸造好之后，做作业之类的事情自不必说，对力所能及之事孩子就都能独立思考了。

因为这些不过是往“器”里加“水”罢了。

孩子是在
『父母看不见的地方』
成长起来的

在谈到认同的重要性之际，有的父母会提出这样的疑问：“如果总是认同孩子说的话，那会不会培养出任性的孩子呢？”

我特别能够理解这种不安的心情，因为我以前也有过同样的疑问。

有一次，我女儿说：“妈妈，能帮我从二楼拿一下毛衣吗？”我说：“好的呀。”等我帮她拿来毛衣，她又说：“谢谢妈妈，不好意思，还可以帮我拿下袜子吗？”我说：“好的。”然后又帮她去拿袜子。我女儿说：“妈妈你真好。总是对我说‘好的’。别人的妈妈一般会生气地说‘自己去拿！’吧。而你总说‘好的’，无论是我想要什么还是不想做什么，谢谢你，妈妈！”

是的。我女儿并没把我所做的事认为是理所当然的。不知从什么时候开始，她清楚地知道一般的妈妈会做的事情和自己妈妈的不同。

在父母看不见的地方，孩子和各种各样的人接触，经历各种各样的体验，从中不断地更新自己的认知。

有些父母希望将“认同”和“批评”的比例维持在7：3，可是如果站在孩子的立场来看，一定不是这个比例。

如果**把孩子的全部时间看作“十”，那么每天能够和父母待在一起的时间也不会超过其中的三成**，剩下的七成，都是在学校和同学一起度过或者在社会中和朋友一起度过的。

这七成的时间是否都能用于培养孩子的自我认同感呢?

我们试着来想象一下孩子一天的生活吧。

分班的时候，只有他/她一个人留了下来。

在竞选班干部的时候，好不容易鼓起勇气参加竞选，结果却落选了。

本以为自己是班里画画最棒的，结果被大家赞不绝口的却是其他人的画。

回家的路上和伙伴们一起有说有笑，突然只有自己一人被骂道:“别在路上并排走！你这个碍事的家伙，滚开！”

于是，孩子垂头丧气地回到了家。

这些事都没有直接否定孩子。

但是，每一件事情都让孩子有一点受伤，有一点难过，有一点不甘……然后，孩子终于回到了家。

这时，孩子想，至少父母能够包容我们的全部。

孩子要经历过训斥、挫折、认同、表扬，最后才能够实现独立。

孩子并不仅仅是在父母的教育下长大的，还会受到来

自学校、朋友、一方水土以及周围所有人的影响。正是这些影响让孩子全方位地茁壮成长。

在剩下的三成时间中，父母应该全力扮演好认同、表扬的角色。

当夫妻意见不合时

在第2章里我已经阐述过了，即使夫妻意见有分歧也没有关系，这正是塑造孩子多元价值观的绝佳时机。

为了培养孩子的自我肯定感，即使夫妻意见有分歧也没有关系。

前几天看到一对年轻的夫妻带孩子挑战轮滑。

很明显，孩子有些害怕，可这对夫妻却牵着孩子的手向前拽，强行让孩子练习，嘴里还不停地鼓励：“滑起来，试着滑起来。”

渐渐地，二人失去了耐心，脸色开始变得难看，口气也变得严厉起来：“还没有滑就怕了，这可怎么行呢？”这样一说，孩子也倔了起来。

结果，父母满腹牢骚地对孩子说：“你真是个胆小鬼。”然后带着垂头丧气的孩子败兴而归了。

如果父母双方不是同样的立场，而是有一方能够站在孩子的角度理解孩子的心情，说一些认同孩子感受的话，结果可能会大不相同。

孩子的未来可能也会改变。

如果是这样：

摔跤擦伤的时候，妈妈一边说“好疼吧，来，我们休息一会儿吧”，一边给孩子处理伤口。而爸爸则一边说着“没事没事，这么一点小伤，没关系的”，一边轻轻地摩挲孩子的后背。

被父母双方理解和接受的孩子，往往更坚强，成长得更快。

经历失败的时候，即使有人帮我们客观、理性地分析原因，并不断给予安慰和鼓励，我们也会有怎么都打不起精神来的时候。

当你不甘心、难过的时候，如果有人对你说：“确实不好受。这种心情我懂的。”然后一边点头一边倾听你说话，这也可能会让你重新振作起来。

其实，希望通过鼓励孩子，让孩子能重新振作起来的心愿，天下父母都是一样的，只是方法各不相同而已。

因此，父母以培养孩子的自我认同感为目标，组成统一战线，保持态度一致很重要。

有了这个明确的目标后，父母可以根据情景和孩子的个性选择不同的说话方式。

不要做『完美』的父母，
要做能够『互补』的夫妻

父母对孩子说：“你说吧，我不会生气的。”

可结果是，孩子说了，父母却大发雷霆。

“小孩子当然想自由地玩耍啦。”

结果却是“孩子的工作就是学习，只顾着玩的话就会变笨的”，父母又莫名地生气了。

亲爱的父母，你们有没有做过这样自相矛盾的事呢?

究竟哪一个才是你们内心的真实想法呢?

在意识到这样的矛盾之后，有些父母来找我咨询。他们说:“在对孩子发火之后，反省到自己的行为有不当之处。可是如果再笑眯眯地跟孩子道歉‘刚才和你发那么大的火，我做得太过分了，是我不好，对不起’，这样还是很矛盾。”

但是，无论是生气发火还是反省道歉，都是当事人**真实的情绪**，只要最后反省并向对方表达了歉意，就可以把对对方的伤害降到最低。

事实上，说出的话**与内心的真实想法相违背就会产生矛盾，也会让孩子陷入混乱**。

结果，孩子没有办法做出正确判断，还容易陷入“我是一个坏孩子！”的认知中。

如果换作大人，则会在充满矛盾的社会里妥协，继续生存下去。

可是作为孩子，他们会拼命迎合心中最爱的父母给他们的评价。因为孩子深信父母是不会有错的（当然事实并非如此）。

虽说接触多元价值观会让孩子学会理解差异，但是如果父母总是态度不一、前后矛盾，还是会让大多数孩子感到困惑的。

尤其是孩子被父母控制的时候。

最近，利用语言暴力、眼泪等控制孩子的父母被称为“有毒父母”。（一针见血的称呼！）

企图控制孩子的父母，往往自身不够独立。他们需要通过控制孩子来消除自己的焦虑。

被父母控制的孩子也会把父母的喜怒哀乐当作自己的行动指标。

孩子遵循父母的期望来规划自己的人生，就会渐渐忘记了自己真正喜欢什么，想做什么。

○ 你了解自己的真实感受吗？

养育了孩子之后，有些人才发现自己是被“有毒父母”养大的。

而在此之前，作为孩子是无论如何都不会质疑的。

作为父母，大多数人也很难意识到自己的言行与自己的真实想法之间是存在矛盾的。

我们不能强迫孩子去重复我们的人生，因为孩子和父母都需要拥有自己的独特人生。

因此，父母应该要常常从育儿中抽出身来，给自己一点时间、一点空间做回自己。

越是想自己一个人扛起孩子的人生，做被世间认可的完美父母，就越会拼命付出。

然而，越拼命付出，就越容易忘记自己的真实想法，跟孩子说出前后矛盾的话。

为了不让自身的矛盾影响到孩子，**夫妻互补就显得非常重要**。

妈妈虽然这么说，爸爸却是那么说的。

我这么做妈妈会高兴，但是爸爸不会。

每个人都有自己的想法，这是好事。

不一定非要二选一。

这样一来，家就成了培养孩子独立思考的地方。

因为发现父母都有各自的想法，所以孩子不会轻易“站队”，而是用自己的眼睛去看，用自己的头脑去思考。**随着视野的不断扩大，慢慢地孩子就会成为有主见和行动力的人。**

灵活运用夫妻间的差异，培育孩子非凡的想象力

在关于沟通的讲座中，我常常教大家把对话的**目的**和**内容**剥离开来。

由于没能将目的和内容分清，对话常常会因执拗于眼前的**内容**而忽视了对话的**目的**。

比如，夫妻为了庆祝结婚纪念日去餐馆进餐。对于桌上饭菜的做法，夫妻二人产生了意见分歧，彼此争论不休。最后找来厨师长一问，结果自然是一方赢了，而另一方则闷闷不乐。

这时，饭菜的做法是一个“内容”，驳倒对方，在内容上是胜利了。

但是，今天来吃饭的“目的”是庆祝结婚纪念日，从这一点上来说，这次晚饭是彻底失败的。

为了让对话不违背自己的初心，一定要带着**目的**去交谈。

这种设定“目的”的能力，是一种非常重要的能力。它有利于让对方理解我们的想法，有利于我们说服对方，也有利于解决问题。

这种事情似乎是**爸爸（男性）比较擅长的**。

值得注意的是，在设定了目的的对话中，如果设定的方法错了（比如在亲子对话中），就很容易演变成父母单方面的说教。

所以请大家要对设定方法多加留意。

○ 家庭观要与时俱进，不断更新！

我相信在新时代，**“漫无目的”的对话将变得非常重要**。“漫无目的”的对话和一味地说教完全不同，它是一种没有上下级关系的平等对话。

正是因为对话“漫无目的”，个体才不易被人左右，才会源源不断地涌出新的想法和新的发现。**一般妈妈（女性）比较擅长进行这样的对话**。

在新时代，学校教育也迎来了转型。之前是由老师提出问题，传授解决方法，然后推导出正确答案。现在是由孩子们自己研究发现问题，再试着自己去解决问题。也就是说，教育的模式由“知识传递”变成了“知识创新”。

企业里也发生着同样的变化。现在普遍认为，由员工自主提出新想法和创意的企业比由主管的领导决定一切，员工单纯负责执行的企业发展势头更强劲。

同理，家庭也面临着新旧模式的转型。旧有的模式是父母教、孩子学，现在要求父母重视孩子的真实想法，尊重孩子的行为。

有人说，要想看到孩子的新想法、新举动，等上一年也未必能等到吧。确实，让孩子研究出什么新东西，也许要好几年的时间。

为什么呢？因为**那些符合父母期待的创新，其实根本就不是什么创新**。

反而，那些被父母认为是“不对，为什么要那样做”的东西才真正是创新的东西，只是父母们并未意识到。

所以，在日常生活中，父母不是要让孩子听话，做个乖孩子，而是认同孩子本来的样子。只有这样才能培养出**创新的种子**。

性教育，父母双方缺一不可

"小宝宝是从哪里生出来的呢？"

有八成的孩子在5岁之前会向父母提出这个问题。

你会怎么回答呢？

"是老鹰叼来的。"

"等你长大后自然就知道了。"

"别问这些乱七八糟的问题。"

"从大桥底下捡来的。"

"从肚子里生出来的。"

我想几乎所有父母都是面面相觑后给出以上回答达到吧。可是如果像这样回答，就浪费了一次宝贵的教育孩子的机会。

性教育，也被称作"生命的教育"。

当孩子发出这样的疑问时，父母要抓住机会，不要愚弄、不要欺骗，要带着满满的爱意告诉孩子事情的真相。

孩子："妈妈，小孩子是从哪里生出来的呀？"

妈妈："是从'生命之门'中来的。"

孩子："'生命之门'在哪里？"

妈妈："在尿道和肛门之间那个地方。"

孩子："噢……"

爸爸："生你的时候，我可是高兴得要命，感动得都流眼泪了呢。"

类似这样，无论孩子几岁，都请带着满满的爱意告诉他们真相。

如果父母觉得这是一件让人害羞的事，想支支吾吾打岔应付过去，或者胡乱搬个说法搪塞过去，那么孩子会很敏感地察觉到**“这件事在家里是不能说的”，以后便在家人面前绝口不提了**。

然后到了初中以后，他们会从网络等复杂渠道获取错误的性知识。这些信息很有可能会误导孩子。

○ 这样来教性知识吧

如果孩子问：“小宝宝是从哪里生出来的呢？”请一定要微笑着轻松愉快地回答。原因有以下两点。

①告诉孩子，他／她是怎么生出来的，**有利于孩子建立对自己身份的认同**。

②能让孩子认识到，无论什么事情，只要和家人说，家人都不会糊弄自己，会告诉自己真相。这样有利于孩子**建立对家庭的信赖感**。

接下来我们看看，如何和孩子谈论出生这件事。

一般孩子都非常喜欢听父母谈论自己出生时的情况。

“你生下来的时候，妈妈特别高兴。第一个抱你的人是你爸。你和你爸长得太像了。”

“你妈妈生你的时候可没少受罪，所以你生下来以后她感动得不得了。谢谢你来到我们家。”

像这样妻子聊聊丈夫、丈夫谈谈妻子的对话非常好。

对话还可以继续。

“你长大了之后，说不定哪一天也会遇到你喜欢的人，也会生宝宝。所以你要好好爱护你的身体哦。绝对不可以给别人看，更不能让别人摸。”

要好好爱惜自己，也要爱护他人。两个人应该相亲相爱，共同迎接宝宝的到来，共同养育孩子。

我认为给孩子进行性教育是父母的职责。

性教育不应该是爸爸或者妈妈某一个人的事，而是当孩子问起时，任何一方都可以轻松自然地和孩子交谈的。

如果是剖腹产，妈妈可以一边把肚子上的疤痕给孩子看，一边告诉孩子他／她出生时的一些事情，这也是非常好的。重要的是，关于“生命之门”，请一定要和孩子认真地说清楚。

○ 如果错过了性教育的时机

如果已经错过了孩子问这些问题的年龄，或者在孩子问这些问题的时候曾经敷衍过，那么，当电视里有婴儿出生的镜头、对话时聊到出生的话题，孩子又对这个问题产生兴趣的时候，可以用“你出生的时候啊……”引出话题，再展开对话。

当然，也有很多孩子根本不会问“小宝宝是从哪里生出来的”之类的问题。

如果非常想和孩子聊一聊这个话题，那么孩子过生日就是一个非常好的时机。

“○○年前的今天，妈妈的肚子开始了阵痛，你爸慌了手脚……”

“大概就是这个时候，妈妈进了分娩室。”

“你爸一只手拿着摄像机，另一只手在妈妈的背上轻轻地摩挲着。”

“你当时有没有听到你爸一直在轻轻地喊道‘快点出来吧！’”

像这样家人一起追寻时光，回忆那段美好的时刻，对于夫妻二人来说，应该也是特别珍贵和幸福的。

有关性的知识，应该且只能由父母来传授给孩子。

只有这样，不论孩子以后遇到什么样的性信息，他都会有自己正确的判断。

到这里，关于性知识的第一阶段大致就结束了。孩子10岁左右时会进入第二阶段。他们也许会问“为什么我长得这么像爸爸？”“做爱是什么？”这样的问题。这时候，就从“生命之门”开始深入地展开对话吧。

通过生物课的学习，孩子们已经明白了“雄蕊”和“雌蕊”的不同。与此相同，人类也有“男”和“女”的分别。父母可以由此展开话题。

“男性有阴茎、睾丸。女性有阴道口、阴道。把阴茎放入阴道里，就叫做爱。男性的精子和女性的卵子结合成受精卵之后，在女性的子宫内长成胎儿。在2亿颗精子中胜出的就是你哦。你真是厉害呀。”

“所以，你才会既像爸爸也像妈妈。”

看，大概就是这样和孩子展开对话。

孩子会认真地听和理解的。

如果还没有跟孩子聊起过“生命之门”，那么可以利用这个机会，和孩子聊一聊他出生的往事，聊一聊生命的孕育，还可以聊一聊如何爱惜我们的身体。请一定抓住这个机会，情深意切地和孩子展开对话。

最重要的是，无论什么时候当孩子有了想知道的事情，他都愿意和家人畅所欲言。

丈夫拥有能够改变妻子和孩子的『非凡能力』

在全国各地巡回演讲期间，我会谈到对话的技巧。有些妈妈能够在听到这一段时幡然醒悟：

“我一直认为我的孩子难以管教，现在才知道，是我说错了话，伤害了孩子。如今，教育孩子变成了一件很有趣的事情。”

话说回来，理解归理解，从理解到实践还有一段漫长的路要走。

在改变的过程中有一个关键人物，那就是“**丈夫**”。

丈夫改变了，妻子就会跟着改变。对孩子说的话改变了，孩子也会随之改变。

爸爸努力工作，努力带孩子，努力做家务，这些都非常重要，但是还有一点比这些都重要，那就是**珍爱妻子**。

妻子一旦感受到丈夫的珍爱，就会变成更好的妻子。这样家庭才会真正地幸福美满。

所谓的珍爱妻子，是每天都说“我爱你”吗？

这也未尝不可。**爸爸在家的时候，就是妈妈和孩子的幸福时刻！**这一点不可小觑。

对于妻子来说，丈夫在家意味着他可以：

①做家务（做饭、洗衣服、打扫卫生、买东西，等等）。

②认可妻子一整天的付出。

③对妻子说出感谢的话。

④制订一个令人期待的周末计划。

对于孩子来说，爸爸在家意味着：

①爸爸可以带我一起玩。

②爸爸可以听我说学校的趣事和烦恼。

③爸爸能看到我很努力。

④爸爸能制订一个令人期待的周末计划。

以上这些都是爸爸在家的意义。

同样，对于丈夫自己来说也有很多好处。

①被依赖。

②在家庭里找到了存在感。

③可以消除疲惫，治愈身心。

④退休后也能有幸福的生活。

如此日复一日，家里的每一个人都能真切地感受到彼此的成长。如果家庭幸福和睦，爸爸在工作的时候就会干劲十足，孩子也能够全力以赴地对待学习。

这样的家庭就能培养出聪明的孩子。

所以，培养出聪明的孩子，需要爸爸更好地扮演丈夫的角色，发挥非凡的能力。

第 4 章

父母如何培养孩子的“器”：家庭对话的实用技巧

父母不要把自己认为正确的观点强加给孩子

情景

孩子不能融入朋友圈时

妈妈：“和小朋友们说‘带我一起玩吧’不就行了？”

孩子：“嗯……但是……”

爸爸：“如果你自己不主动加入的话，是没法交到朋友的。”

孩子：“嗯……”

妈妈：“你在玩什么呢？”

孩子：“在画画。”

爸爸：“画得真不错呢。周围这么吵，你还能这么专注地画画，真是了不起。”

妈妈：“其他小朋友在玩什么呢？”

孩子：“抓人游戏。”

爸爸：“你不玩抓人游戏吗？”

孩子：“有时候也玩，但是今天我想画画。”

妈妈：“想玩的时候会不会跟他们说‘能带我一起玩吗’？”

孩子：“没问题的！”

接下来，在这一章里，我将分场景来具体说明，父母在孩子面前应该如何注意自己的言行，以及在日常的夫妻对话中应该重点说些什么。

在以上的场景中，父母也许会认为孩子一个人玩耍太孤单、太可怜了。

可是，孩子本人或许并不这么想。

父母往往会基于自己的期望和感受，不经意间就对孩子表达了不满。

但如果站在孩子的角度上，事情可能完全不同。

所以，究竟是一个人玩比较开心，还是想和小朋友一起玩却无法加入，或者他／她到底想怎么样，这些都应该交给孩子自己去思考，不要说“**做……比较好**”之类的指令性话语。

即使父母的初衷是想教会孩子方法，以建议的口吻说出“做……比较好”，可是**孩子也许会理解为“自己是个坏孩子，所以无法加入朋友圈”**。

所以，父母要摒弃“我的想法是绝对正确的”这一观念，先站在孩子的角度去问问他：“你在做什么呢？”**针对“做什么”这样来提问，孩子才比较容易回答。**

当孩子回答了“画画”之后，再向孩子提出疑问：“其他小朋友在玩什么啊？”**确认孩子有没有留意周围的情况**。

这个时候要问孩子在“做什么”，而不是去质问：“为什么不和小朋友一起玩？”

“为什么”这种问法会让听话人感觉自己受到责怪了，所以应避免使用。

而且，“为什么”这个问题，孩子自己也搞不懂，更别谈如何回答了。

之后再问“你不和小朋友一起玩吗？”时，孩子会做出“有时候也玩”“不想玩捉迷藏”之类的回答，将自己的想法表达出来。

通过这样的对话，父母明白了孩子自己想做什么，以后会怎么做。因此，这样的对话是最理想的。

父母不能急于寻求答案，不能总是既抢孩子的话，又催促孩子回答。此时，应该稍安勿躁，多一点耐心。因为孩子在和父母对话时是一边整理自己的想法和心情，一边说话的。

若妈妈先提出自己的“想法”，爸爸则可以试着站在孩子的立场来和妈妈讨论。这种夫妻互补的对话方式值得学习。

夫妻间的日常对话

夫妻日常的对话中，常常会出现以下情景：

丈夫:“我回来了！哇，好香啊，在做什么好吃的呢？”

妻子：“我正打算做土豆肉饼呢。”

丈夫：“哇，真不错。那么我来剥洋葱吧。”

像这样首先问对方“正在做什么”，然后便能很自然地进入对方的内心世界。这种夫妻对话值得学习。

重点

√ 对对方正在做的事情抱有兴趣。

√ 回避指令性话语，先问问对方正在做什么。

√ 观察对方现在想要做什么。

父母不要轻言、臆断孩子的性格

情景

孩子
无法表达自己的意见时

妈妈："如果你不愿意的话，就明确地说'我不想借给你'，不就行了吗？"

孩子："嗯……"

爸爸："别顾虑那么多。如果不能把自己的想法说出来，那别人也不明白我们是怎么想的。"

妈妈："但是你还是借给他了，你真是一个温柔的好孩子。"

妈妈："咦，你把那个玩具借给他了呀？"

孩子："他让我借给他的。"

爸爸："如果是我的话，我就不借。"

孩子："为什么？"

爸爸："因为我讨厌借东西不还的人，而且万一东西被弄坏了，我也会很难过的。"

孩子："是的呢，这样真的很讨厌。"

妈妈："是的，那现在怎么办？"

孩子："明天我去告诉他'要小心爱护玩具'。"

爸爸："如果他能爱惜它，倒也可以借给他。"

即使孩子不能说出自己的意见，父母也不可以主观臆断孩子的想法。

面对上述情景，父母不要说出 “直接说‘不借’不就行了？” 之类的指令性语言，而要说“你借给他了呢”，**先认同孩子当下的行为**。

接着，父母可以表达出**自己的想法**，比如“是我的话就不借”或者“我也会借的”之类的。不过到此即可打住，因为**听到父母这样的想法之后孩子会自己去思考**。

诸如“你真是一个温柔的好孩子”之类的说法乍一听像是在表扬，实际上是在对孩子的性格进行主观臆断。

如果父母断言孩子的性格，孩子就会认为“自己是那样的性格，以后还要继续保持”，而这有可能会束缚孩子的个性。

即使是赞扬的话，也要注意避免臆断孩子的性格和才能。

孩子取得优异成绩时，不能说“你真是个天才，所以能考 100 分”，可以说“你真是努力了呢，所以才考了 100 分”。因为当孩子的努力和品行得到了认同后，他以后才会更加努力。而那些认为自己是天才的孩子，可能渐渐地就不会去努力了。

由此可见，和孩子对话的顺序应该是：

① 认同孩子的行为和想法。

“借给他了呢。”

⇣

② 父母做榜样，给出自己的意见和想法。

“要是我的话就不借。”

⇣

③ 解释社会规则。

“如果他能爱惜它，倒是可以借给他。”

⇣

按照这样的顺序就能培育出孩子的自我认同感，慢慢地孩子就能说出自己的意见和想法了。

夫妻间的日常对话

即使是夫妻，平常也要避免说出主观臆断对方的话。

如果丈夫做家务不积极，也不要说“你总是什么事都不干”这样的话，可以这么说。

妻子：“今天感觉身体好没劲，真难受。”

丈夫：“你怎么了？去休息一会儿吧。”

妻子：“但是还要准备明天的便当，衣服也还没有洗。”

丈夫：“衣服我来洗吧，便当的食材我也会准备好。你放心去睡吧。”

妻子：“谢谢！”

像这样，**试着让对方知道自己的困难**，然后两个人再一起考虑怎么办。

被拜托的丈夫会渐渐变成能放心托付的丈夫。

重点

√ 不要臆断，但要表达自己的感受。

√ 用启发性的语言“怎么办才好呢？”让对方去思考。

为了避免争吵而选择默不作声，往往适得其反

情景

妈妈
生孩子的气时

妈妈：“你怎么还做不好？”

孩子：“因为……”

妈妈：“我都说了好几遍了吧！”

爸爸：……（装作没看见）

妈妈：“你怎么还做不好？”

孩子：“因为……”

妈妈：“我都说了好几遍了！”

爸爸：“我来做晚饭，你们加油！”

妈妈：“啊，好的，谢谢！”

我经常收到一些来自丈夫的问题：下班回到家，正好碰见妻子在生孩子的气，这时候该怎么办才好?

通常，丈夫的做法是，在妻子怒气未消之前，默不作声地躲进自己房间里玩手机。实际上，这是最坏的一种处理方式。

还有一些丈夫会反过来冲妻子发火：“别那样对孩子发火，又不是什么大不了的事。”这样做，会让妻子情绪更糟。

其实，妻子并不是在生孩子的气。

孩子只是一个导火索。因为妻子一个人背负了所有的重担，而丈夫却漠不关心，所以妻子才会变得焦虑，向孩子发火。因此**妻子向孩子发火可能是对丈夫不满的信号哦**。

这时丈夫不应该逃避，在找到妻子和孩子都能够接受的解决办法之前，要一直给予关心，并伸出援手。

比如说“我来洗衣服”“我去买东西吧”，等等。

妻子这个时候如果能冷静下来，想想自己为什么发火就更好了，这一定不是因为孩子。

“我们两个还想再练一会儿钢琴，可又到了做晚饭的时间了，我总不能同时做两件事呀！”像这样用语言表达出来，让丈夫知道自己的难处。

孩子没把事情做好挨了妈妈的批评，本来就闷闷不乐。但即使如此，孩子还是能敏感地觉察到爸爸回家之后妈妈变得更加易怒了。

假如妈妈随心情教育孩子，心情好时万事大吉，心情不好就冲孩子发火，那么孩子根本不可能独立思考，更不会建立起自己判断善恶的标准。

如果能够经常体验通过对话让事情向好的方向发展，孩子就会重视对话的作用，还会知道做事需要先认清本质再行动。

孩子就会认为，**如果爸爸回到家，能够做些让妈妈高兴的事情，那真是再好不过了**。

夫妻间的日常对话

妻子："对不起，刚才有点急躁。"

丈夫："一个人做那么多事，真是辛苦你了。"

妻子："有你帮忙洗衣服，终于可以陪孩子写一会儿作业了。"

丈夫："嗯。"

妻子："你回来之后，我就必须把孩子搁在一边，开始准备晚饭，所以才烦躁不安。"

丈夫："原来是这样啊。我知道了，下次我们一起做晚饭吧。"

像这样，夫妻相互交换彼此的想法，共同克服困难是最好的。

重点

√ 沉默不会解决任何问题。

√ 寻找妻子焦虑背后的真正原因。

√ 让孩子看到夫妻二人相互交谈、克服困难的过程。

在家里
不要孤立孩子

情景

孩子不收拾整理时

妈妈：“快去收拾玩具！”
孩子：“知道了，知道了。”
爸爸：“妈妈刚刚已经说了很多遍了！”
孩子：“知道啦！我正想着马上就来收拾，可你这样一催，我反而不想收拾了。”
妈妈：“因为你自己没去收拾，所以才催你的，好吧？”

妈妈：“哇，你怎么把这么多玩具都拿出来了啊？！”
孩子：“因为把它们组合在一起，超有趣。”
爸爸：“能把这么多玩具组合在一起，真厉害啊。”
孩子：“嗯，像这样的话就能够把它们全部组装起来。”
爸爸：“哇，你还有这样的本事啊。”
妈妈：“你们两个人玩得真开心啊。马上就要吃饭了，你们把玩具收起来吧。”
爸爸：“要吃饭咯，我们一起收拾玩具吧。”
孩子：“嗯，我的肚子正好也饿了呢。”

虽然父母希望通过讲道理来教育孩子，但是孩子有他自己的个人世界。

专心地玩，这也是一件了不起的事情。我们首先要认同孩子正在做的事情，这一点我已经反复强调很多遍了。

但是，忙碌的妈妈总想按照自己制订的时间计划来安排孩子，这就导致了和孩子之间的冲突。

这个时候，如果爸爸能够机巧应对，同时对妻儿表示认同，那是最好的。

即使默认了孩子可以尽情地玩，但**如果父母在言语上没有任何表示，仍然不能算是对孩子的认同**。

孩子只有被认同之后才会留意对方（父母）的想法并采取行动。如果孩子只是一味地遵从父母的指令，那么他们的行动也不会有任何意义。

夫妻间的日常对话

妻子：“如果把脱下来的脏衣服放进洗衣机的话，明天要穿还来得及。”

丈夫：“噢，明天不穿也没关系的。”

妻子：“是吗？还是放进去吧，万一不小心漏掉了就不得了了。”

丈夫：“啊！好的，那我还是放洗衣机里吧。”

妻子：“嗯，自己的事情要自己做啊，你可是全家的榜样呢。”

丈夫：“是的呀。”

夫妻之间的日常对话要像这样，希望对方做什么就立刻通过语言表达出来。

如果不说，自己就会变得焦虑不安，还会责备对方：“你为什么不帮忙？”这是要极力避免的。

重点

√ 当和孩子发生矛盾时，夫妻双方要有一方站在孩子的一边。

√ 希望对方做什么，要立即用语言表达出来。

√ 不要把孩子当成自己的敌人。

尊重孩子的内心就能培育出『器』来

情景

孩子收到朋友的礼物时

✕

朋友：“给你巧克力。”
孩子：“哇，巧克力啊！我现在就想吃！”
妈妈：“怎么没说‘谢谢’啊？”
孩子：“啊，谢谢！”
妈妈：“真懂礼貌。”

✓

朋友：“给你巧克力。”
孩子：“哇，巧克力啊！我现在就想吃！”
妈妈：“谢谢你送给我们这么好吃的巧克力！”
孩子：“真好吃啊。”

父母虽然在家里能将认同孩子记在心头，但在第三者面前，总是会忍不住对孩子说出：“你说‘谢谢’了吗？”之类的指令式话语。也许是父母想表现出他们是管教有方的好父母吧。

但是要知道，父母的作用就是培育好孩子的“器”。培育“器”的第一步是培养孩子的感受力。

孩子还小，各种感情和感受都还在形成当中。

父母的一句**“你说‘谢谢’了吗？”会将好不容易才培养出来的感情磨灭掉**。孩子说出不由衷的“谢谢”是没有意义的。

在“谢谢”“感到幸福”之类的感受被培养出来之前，**请父母替孩子向对方表达谢意**。

父母反复地替孩子表达谢意，一旦孩子有了这样的感情，平时爸爸妈妈替他们说的那些美好的“谢谢”就会自然而然地从孩子的嘴里说出来了。

这时的“谢谢”才是发自内心的感谢。

夫妻间的日常对话

妻子：“谢谢你下班途中帮忙买东西。”

丈夫：“嗯，谢谢你帮我冲咖啡。”

妻子：“今天收到了一盒很好吃的巧克力。给。”

丈夫：“巧克力吗，那很好吃呀。谢谢！”

如果父母在日常对话中经常使用“谢谢”，那么即使不强迫孩子说，总有一天他／她也会自己说出来。

重点

√先要培养孩子的感情。

√即使在他人面前，也应该注意对话，培养孩子的自我肯定感。

在外也要用积极的语言与孩子进行交谈

情景

偶然遇见
孩子朋友的父母时

✕

妈妈：“我家的孩子太调皮了，不知道有没有欺负你家宝贝呢？”
朋友：“哪儿来的话，一点也没有。两个人一直玩得很好。谢谢！”
妈妈：“有没有干什么坏事？如果有的话，请一定好好批评他。”
朋友：“没有，非常乖，很听话。”
妈妈：“哎呦！他在家里可是邋遢散漫得很呢。”

✓

妈妈：“孩子们在一起能很友好地玩耍，谢谢！”
朋友：“两个人好像特别合得来，真好。谢谢你们才对。”
妈妈：“两个人都喜欢踢足球，练球的时候也都很开心。”
朋友：“你儿子颠球很厉害啊。”
妈妈：“他要是知道你这么说肯定高兴坏了。你儿子射门也很厉害呢。”

有些妈妈常常把在旁人面前贬低自己的孩子，认为说自己孩子的不是，这是一种谦逊。其实这大错特错。（如果孩子真的调皮，给别人添了麻烦，则另当别论。）

这种谦逊在美国或者欧洲都会让人感到诧异。

其实，妈妈在和旁人说话的时候，孩子会听得最认真。

从妈妈和其他妈妈之间的对话中可以听到妈妈的许多想法和观点，这些都会深深地影响孩子。

在他人面前，**妈妈应该尽量避免说贬低孩子的话，选择诸如“和朋友相处融洽”之类的鼓励性话语**。

与被否定相比，被外人夸奖会让孩子更高兴。而此时，外人也高兴，自己的孩子也高兴。

夫妻间的日常对话

妻子：“我朋友说咱们儿子颠球很厉害。”

丈夫：“是吗，那可真令人高兴。”

妻子：“因为坚持练习啊，当然你也很会教。”

丈夫：“哇哦，真是鼓舞人心。谢谢！我们会再接再厉的。”

妻子：“嗯，好像快要比赛了呢。”

如果平时在家里父母都用积极的语言谈论孩子，那么孩子也能从容应对突发事件。父母在对话时，孩子会竖起耳朵认真听。这些话会直接影响孩子的积极性。

重点

√ 不要贬低家里的人。

√ 在外面也要用积极的语言自然地对话。

与鼓励和提供解决方案相比，
和孩子共情更重要

情景

孩子
情绪低落时

妈妈："如果你努力的话，肯定能行，加油啊！"
孩子："我已经很累了。"
妈妈："是不是方法有问题啊？要不，换个方法试一试呢？"
孩子："不要，我不想做了。"
爸爸："你这个态度以后就都别做了！别做了啊！你到底做不做？"

爸爸："人都有情绪低落的时候啊。"
孩子："我已经很累了。"
爸爸："嗯，你看你每天都这么努力，肯定会累的呀。"
孩子："嗯。"
妈妈："你已经非常努力啦！妈妈觉得你很了不起。"
孩子："嗯，谢谢妈妈理解。我觉得我还可以再努力一下。"

想让孩子鼓起干劲，父母总是会不经意地说：

“加油！”

“咱们换一个更高效的方法呢？”

“你这样的话不如以后都别干了吧。”

作为父母，本意是想鼓励和提供一些解决问题的方法。但实际上，作为父母，**更应该支持孩子自己去思考如何解决问题**。在通常情况下，妈妈作为陪伴孩子时间最长的亲人，常倾向于通过斥责的方式来激励孩子。这个时候，爸爸也许可以成为孩子的共情者，站到孩子的一方。

如果爸爸能够体会孩子陷入窘境时的复杂心绪，用语言表达出理解，与孩子形成共情的话，孩子可能会出乎意料地释然，恢复到平日干劲十足的状态。

孩子也许并不是真的没有干劲，而是希望有人可以理解自己的难处。

如果孩子真的是一筹莫展，中途放弃，也没有什么问题，这既不是逃跑也不是胆怯。这一点一定要在对话中和孩子解释清楚。

孩子们生活在一个超乎父母想象的狭小的空间里，如果不顺利，有时还会产生轻生的念头。

父母能比孩子看得更高远，因此要告诉孩子，世界上有很多条路，无论现状多糟都没关系。

夫妻间的日常对话

妻子：“今天下班买东西的时候忽然下起雨来，东西又重，真的很狼狈。”

丈夫：“上班已经很累了，还要一个人拎那么重的东西，真是辛苦你了。”

妻子：“哎，手都快拎断了。”

丈夫：“辛苦辛苦！今晚我来洗衣服，你好好泡个澡。”

妻子：“谢谢！”

当了解到对方的难处时，我们很容易会想到给对方提出一些看似聪明的解决办法，例如，“买个电动自行车不就好了”“体力有待增强”“找快递送上门不就行了”之类的。

其实比起给出解决方案，更重要的是能理解对方的心情、接纳对方的行为。“真是努力了呢！”“我理解。”“辛苦了。”这样说就很好。

自以为提出的方案很好，但这往往会让对方觉得这是在指责他／她能力不够，从而导致对方情绪更加失落。

孩子也是如此。

在对话中为对方提出解决方案，会让对方认为你当下是在否定他／她。

正确的做法是共情之后，由对方提出解决方案。

重点

√ 不要说鼓励的话，也不要提出解决问题的办法。

√ 表达认同现状的话更能激起对方的干劲。

与其否定，不如向前看，
以积极的姿态应对

情景

在育儿方式上
和祖父母辈有分歧时

祖母："孩子吃得太少了，这样哪能长得高啊？"
妈妈："这个时代，不强制孩子吃东西呢。"
祖母："你太溺爱他了。孩子会给你惯坏了的。"
孩子："……"
爸爸："再不吃，饭菜就不好吃了。"

祖母："这个孩子吃得太少了，这样哪能长得高啊？"
妈妈："妈妈，你说得对。不过虽然量少，但是只要营养均衡就没问题呢。"
孩子："我的个子在班里可是排名第二呢。"
祖母："哇哦，是吗？看来我的担心有点多余了。"
爸爸："我想要再吃一碗饭。"

为了更好地养育孙辈，最近有许多爷爷奶奶也来参加讲座。

这些爷爷奶奶非常谦虚，且热衷于学习。他们都想学些与时俱进的科学育儿方法。

而那些不愿意学习的爷爷奶奶则会坚持沿用传统的育儿方法，这是造成妈妈们头疼的原因之一。

妈妈们希望得到对方的理解，但对方会感觉到自己被否定。有时越是自己的父母，越是想去反驳。

但是，**否定自己的父母就等于否定自己被养育的方式**。

这对于双方来说都是一件悲哀的事。

所以，如果面对的是爷爷奶奶，首先要真诚地理解他们，而不是直接否定他们，因为他们的道理在他们那个时代都曾经是正确的。

与其和老人们针锋相对，不如大家都先回到共同的目的上来，再继续讨论。

这个目的就是**“为了让孩子（孙子）能健康成长”**。

这对于祖父母，对于父母，对于孩子来说，都是件好事。

比如让祖父母知道，孩子吃饭只要营养均衡，个子就能越长越高。

还可以告诉他们，吃饭不仅仅是为了摄取营养，还应该是**一家人其乐融融地进行谈话的时间**。

让孩子在和祖父母的愉快交流中长大，对于孩子来说也是非常重要的。

综上所述，父母在和上一辈人的教育理念发生冲突时，应该按照如下顺序展开对话，加深彼此的理解。

① 不要否定对方的观点，去承认它。

② 确认我们拥有共同的目的。

③ 达成目的的手段各种各样。

夫妻间的日常对话

妻子：“奶奶说的话你懂了吧？”

丈夫：“什么？”

妻子：“她要我多为孩子着想。”

丈夫：“话虽如此，可毕竟时代不同了嘛。”

妻子：“如果能让老人家明白这一点就好了。”

丈夫：“我支持你。”

像这样，首先要做的是不要否定，而是承认。之后，再选择合适的语言，本着共同的目的（孩子的健康成长）去沟通。

只要能记住，大家的目的是一致的，那么为实现这一目的所用的方法，可以多种多样（“多吃点”或者“少吃点但营养均衡即可”）。大家应该都能够理解观念是与时俱进、不断更新的。

重点

√ 不仅仅要为孩子考虑，还要照顾到父母的想法。

√ 方法要与时俱进。

√ 珍惜当下。

将『任性』变成『建议』

情景

孩子 任性、不听劝解时

妈妈："不行，不买！"

孩子："我想要……"

妈妈："我可不花那个冤枉钱。"

孩子："你真小气！"

妈妈："不行就是不行。"

妈妈："你看中那个了吗？真是有眼光啊。"

孩子："当然咯，妈妈，你给我买。"

妈妈："这个和其他的有什么不一样呢？"

孩子："你看，这里不一样。"

妈妈："原来如此。那这个和家里有的那个有什么不一样呢？"

孩子："你看，……"

爸爸："哦，性能竟有那么多的差异啊！你知道的还真不少！"

孩子："这东西还能做这个哦，爸爸也能用得上哦。"

当孩子提出想要某件东西的时候，是培养孩子表达自己想法的最佳时机。

如何让对方买下自己想要的东西，需要调动大脑并组织语言。

如果我们只是单纯地说“不行，不买”或者“好的，买给你吧”这样的话，就浪费了一个锻炼孩子的绝佳机会。

如何更好地提升孩子表达自己想法的能力呢？让孩子思考以下问题：

①想要的理由

②与其他物品的差异

③买了对自己有什么好处

④买了对父母有什么好处

像这样一步一步地引导孩子用清晰的语言表达出来。

另外需要注意的是，询问孩子想要的理由时，不要使用“怎样？”“你为什么想要这个？”之类的话；尽量使用“**这个哪里好呢？**”或者“**这个有什么特别的呢？**”之类比较容易回答的话。

这就是要**让孩子学会在大脑中整理并用语言表达出来**。

还有，询问的顺序也非常重要。

① 首先要认同孩子渴望的心情。

可以说：“你看中那个了吗，眼光真好啊。”用这样的话来从感情上给予认同。

⇣

② 其次，为什么想要。可以用 4W1H 法来整理。

根据情况，用 4W1H 法（何时 when、何地 where、和谁 who、做什么 what，如何做 how）一边询问一边梳理事实。这时候，千万不要问“为什么”，可以问“（这东西）哪里特别啊”或“（这东西）用在哪里啊”。

⇣

③ 找出购买后能给双方（自己和父母）带来的好处。

可以这样问：“如果买了这个，对爸爸妈妈有什么好处呢？”

综上所述，首先要把“**情绪**”和“**事实**”分开。让孩子用语言向父母表述自己的想法非常重要，因为只有通过语言，才能让别人了解自己**思考**的过程。

夫妻间的日常对话

夫妻在对待买东西的问题时，也要避免简单地用“不买”来终结对话。彼此间要多交流一些关于购物的想法和信息。

妻子：“想买一个洗碗机呢。”

丈夫：“啊，有了洗碗机就不用洗碗了，人能轻松不少呢。但是，手洗好像更干净一点吧？”

妻子：“现在科技发展得很快，性能都有很大的提高，好像很好用。”

丈夫：“觉得洗碗麻烦的话，不如试试一次性餐具呢？”

妻子：“一次性餐具好是好，可是不环保又浪费。”

丈夫：“啊，是的。”

妻子：“要不，我们先去店里看一看？”

丈夫：“好的呀。我们先来量一量家里的尺寸吧，能放下才行啊。”

是不是真的有必要买，有没有其他的解决方案，等等，两个人一起想办法最好。

孩子听到这样的对话，也会从中学到说服人的技巧。

重点

√ 不要简单地用“不行”这样的词来终结对话。
√ 两个人一起商量，交流各自的想法。
√ 从正反两个角度考虑问题。

比起『结果』，
应该更看重『过程』

情景

孩子输了比赛时

妈妈：“真是不甘心啊，起跑慢了。”

孩子：“嗯。”

妈妈：“从现在开始每天练习跑步，明年争取拿第一。”

孩子：“嗯。”

妈妈：“你能坚持下来吗？如果不能坚持的话，明年还会输的哟。”

爸爸：“我觉得你跑得很好呢。”

孩子：“但我没跑第一。”

爸爸：“是的。但是我觉得你跑步的姿势是最标准的。”

孩子：“我起跑慢了。”

爸爸：“嗯，你自己能知道问题出在哪里，这太棒了。”

孩子：“但是我还是不甘心啊。从今天开始我要好好练习！”

妈妈：“加油！”

当孩子遇到失败的时候，很多父母不知道应该说些什么比较合适。

我知道父母第一时间想到的是帮助孩子去分析原因，然后提出建议。但是只有让孩子自己去分析，他才能真正地成长。

所以，父母要通过对话让孩子明白这一点。

作为父母，很容易把目光集中在“失败”这个结果上，**但更重要的，其实是要首先承认孩子“很努力了”这个过程**。

肯定孩子，让孩子觉得自己被接纳，是只有父母才能做到的事情。

只有当下的努力被看见、被承认，面对困难时，人才会拥有不断付出努力的勇气。

夫妻间的日常对话

与和孩子交流一样，夫妻俩每天的对话中也要看见并承认对方的努力。

丈夫：“今天被对手公司压了一头。”

妻子：“是吗？付出那么多还是没成啊！”

丈夫：“嗯，无论怎么努力，结果代表一切。”

妻子：“嗯。但是你和上司还有同事们都尽力了。”

丈夫：“尽力了，可结果还是失败了。”

妻子：“嗯，我看你每次修改资料，都要到深更半夜。”

丈夫：“应该还是哪里没做到位，我再好好想想。”

应该怎么做，当事人的心里应该已经有了答案。

失败只是暂时的，失败的过程中也在积累成功的经验。只要能明白这一点，就能迈出前进的步伐。

重点

√ 在家里，我们要更看中努力的过程而非结果。

√ 重要的是能自己找出问题。

夫妻双方不要同时责难孩子

情景

孩子遇到烦恼时

✗

妈妈："你怎么了，这么无精打采的。"
孩子："没什么……"
妈妈："你不说，我怎么知道呢。"
孩子："反正说了你也不懂。"
爸爸："你这孩子怎么说话的呢！"

✓

爸爸："怎么了？"
孩子："没什么……"
爸爸："真的吗？"
孩子："……"
妈妈："我给你们泡点儿红茶吧。"
孩子："好的。"
妈妈："还有好吃的曲奇饼干要不要？"
爸爸："我也要吃。"
孩子："事情是这样的……"

孩子因为某事显得闷闷不乐，情绪低落。此时，父母要及时注意到这些变化。

孩子如果想让父母注意到，肯定会释放一些信号。

孩子希望父母可以接受情绪低落的自己，可父母却急于知道孩子为什么会闷闷不乐。

父母注意到孩子的这些变化后，为了让自己安心，便想让孩子把这其中的原因说清楚。

其实，孩子大都不擅长用语言表达，尤其在自己失落的时候。**这个时候父母需要做的就是给孩子创造一个可以安心放松的环境**。

要尽量避免出现父母为了让自己安心，而对孩子穷追不舍的情况。

当孩子的情绪稳定下来之后，自然会慢慢吐露真心，向父母求助。

夫妻间的日常对话

在家里，不仅孩子可以，父母也可以将诸如失落、发牢骚等不好的情绪释放出来，而且即便让孩子听到也没问题。

丈夫：“今天不顺利啊……”

妻子：“啊，是吗？”

丈夫：“困难重重啊！”

妻子：“不好办啦。”

丈夫：“对不起，（在家）说这些有点不合适。”

妻子：“没关系，我们是一家人嘛，还是说出来比较好。要不要一起喝点啤酒？”

丈夫：“好呀，喝点啤酒吧。”

先要与对方形成共情，而不是去追问对方寻求答案。孩子看到父母相互理解、重整旗鼓，也会学着这样做的。而且，看到父母也会失败，也会难过，孩子会更加安心，逐渐也能将自己的烦恼吐露出来了。

重点

√ 不要强迫对方吐露烦恼。
√ 如果对方开始说了，要自始至终认真倾听。
√ 让家庭成为人生的“避风港”。

以信任为前提展开对话

情景

孩子
考试失利时

妈妈：“你怎么搞的？就考这么点分。”

孩子：“嗯，试卷有点难。”

妈妈：“是因为你平时没好好学习吧。学习方法不对。错的地方都订正过来了吗？”

孩子：“还没有。”

妈妈：“果然。你看，你这样怎么能考好呢？”

妈妈：“咦，这次考试，分数有点低啊。”

孩子：“嗯，试卷有点难。”

爸爸：“那大家都没考好吗？”

孩子：“是的，全班平均分很低。”

爸爸：“啊？平均分很低吗？大家平时都很努力的呀。”

孩子：“但是，我觉得自己还是应该考得更好一点的。”

爸爸：“你很棒哟，试卷这么难。你还是很努力的。”

孩子：“嗯。我去看看哪里没写好，然后订正过来。”

妈妈：“订正是很重要的呢，也别太累了哦。”

父母很容易将目光集中到分数上，让分数左右了自己的喜怒哀乐。在面对如何才能提高孩子分数的问题时，父母立刻想到的应该是教会孩子学习方法。

但是，首先要解决的是如何激发孩子的学习欲望。

在美国，曾经有学者做过这样一个实验：当新班主任接手一个班的时候，他被告知，班里的 1 号、6 号、13 号、27 号、31 号这五个人是班级里最优秀的学生。

而实际上，这五个人既不是班级里最优秀的，也不是班级里最差的，就是最普通的五个人。

但是令人惊讶的是，半年之后这五个人的学习成绩都得到了显著的提高。

为什么呢？

因为班主任认定这五个人是最优秀的学生，平时会投以信任的目光，说出来的也都是基于信任的话。

如果没考好或者学习态度不端正时，老师会下意识地认为："按往常来说，你应该能考好的，结果这次考得不是很理想。"老师也会把这个想法传递给学生。而如果是别的学生考好了，老师则可能认为："是这个学生投机取巧了，或者只是碰巧罢了。"

从这个实验可以看出，以信任为前提进行对话是何等的重要。

作为父母，在告诉孩子答案或者学习方法之前，通过对话让孩子感知到自己被信任是非常重要的。

夫妻间的日常对话

丈夫：“晋级考试，没通过。”

妻子：“太难了吧。”

丈夫：“虽然努力了，可……”

妻子：“我知道你已经很努力了。”

丈夫：“真是不甘心。”

妻子：“嗯，是不甘心呀。”

丈夫：“接下来怎么办呢？”

妻子：“我们一起想想办法吧。”

像这样重复对方说的话，可以和对方形成共情。重要的是与对方共渡难关。

当对方因为不好的结果而烦恼时，我们可以试着鼓励他“下次肯定没问题”，或者提出自己的一些建议。

但是，最基本的是要倾听对方的想法。

这其中最重要的是让他 / 她本人来思考接下来该怎么做，因为他 / 她本人的心里早有结论了。

如果平时夫妻间是这么说话的，那孩子自然也能学会这样的说话方式。

重点

√ 遇事波澜不惊，泰然处之，情绪稳定。

√ 说信任对方的话。

√ 重复对方的话，形成共情。

在制定规则之前，
要给孩子一个
表达内心想法的机会

情景

孩子
违反校规时

妈妈："你为什么要染头发？"
孩子："因为……"
妈妈："怎么跟校方解释？"
孩子："……"
妈妈："立刻、现在、马上去把头发给我染回来！"

妈妈："咦，你怎么把头发染成浅棕色了？"
孩子："……嗯。"
妈妈："真没想到浅棕色还挺适合你的。"
孩子："是吗？"
爸爸："虽然适合，但学校不是不让染吗？"
孩子："是的……"
爸爸："知道你还染？"
妈妈："是不是因为特别想试一下？"
孩子："情况是这样的……"

孩子自己应该清楚，违反校规或者其他规则是件不好的事情。但即使心里清楚依然违反了，其背后肯定是有原因的。

这有可能是因为校园霸凌，或是因为和同学玩游戏输了的惩罚，也有可能就是青春期的叛逆。

所以，在周围的人都说“不可以违反校规！”时，我希望父母能先说些认同的话，因为**“不行！”“去改正！”之类的否定性话语会直接让交流结束**。

如果**孩子认为即使和父母说了也得不到理解和认同，他就会选择不说了。沉默的同时也关闭了心扉**。

而且，这个世界上本来就有褐发、金发和白发等，发色多种多样。

对于发色本来就不应该带有偏见，所以要先说一些“很合适”或者“好像还是原来的颜色比较好”这样表示认同的话，然后再进行沟通。

接着，表明这件事违反了校规，确认孩子本人是否清楚。

最后，再营造出一个可以轻松对话的氛围，让孩子说出这些行为背后的原因。

孩子也能从中感知到，爸爸和妈妈是值得信赖的，也是真正关心自己的。

一旦真正的烦恼消除、困惑解开，孩子自然就会把黑发染回来。

如果是被父母斥责着染回了黑发，那么这样染回的黑发一点积极的意义也没有，而且父母不仅失去了一次了解孩子的机会，也失去了一次和孩子共同面对、消除烦恼的机会。所以，希望父母不要被孩子表面的行为迷惑，一定要找出孩子行为背后的真正原因。抓住这个机会，理解、帮助孩子。

夫妻间的日常对话

夫妻间在对对方一天的活动毫不知晓的情况下，仅仅因为结果就愤怒或者责怪对方是不合适的。

丈夫：“今天的晚饭怎么还没做好啊？”

妻子：“嗯……”

丈夫：“每天做饭真是辛苦你了，今天发生什么事了吗？”

妻子：“嗯，是的。今天……”

丈夫：“天哪，原来是这样。你今天真是太不容易了。”

一定要这样，**通过对话了解行为背后的原因。**

只有这样才能真正理解对方行为变化的原因，理解之后帮忙烧饭和做家务也是必要的。

看到父母这般交流的情形，孩子也能学着去理解他人，做一些力所能及的事情。

重点

√ 首先，不要否定也不要命令。

√ 先了解对方行为背后的真正原因，再畅谈自己的想法和意见。

√ 心平气和地向对方说明应该遵守的规则。

拿孩子的过去和现在对比，称赞孩子的进步

情景

孩子
不写作业时

妈妈：“去写作业！”
孩子：“等一会儿。”
妈妈：“那谁都能自己做作业，你怎么就不行？”
孩子：“你是不是觉得，那谁要是你的孩子就好了呢。”

妈妈：“有作业吗？”
孩子：“有，等一会儿写。”
爸爸：“能自己安排自己的时间，真是长大了呢。”
孩子：“嗯，等我把这个搞完了，就去认真写作业。”
爸爸：“你真棒！”

批评孩子的时候，千万不要拿孩子和别的孩子作比较。

单纯的比较无法作为判断好坏的标准。

如果人的一生仅仅是与他人作比较，那么人生只有胜负成败，这样的人生就太悲哀了。

所以，不能这么比较，因为这样孩子就只会通过对比他人来获得称赞和自我认同。

但是，**拿孩子的过去和现在来比较是可行的。**

“和去年相比，更有姐姐的样子了（真是懂事多了）。”

“昨天明明还不会做，今天就会啦，真厉害！”

像这样，拿孩子的过去和现在进行对比，称赞孩子的成长。

反过来也一样。

“上星期还会的，今天怎么反倒不会了？”

这样可以帮助孩子回忆起以前是怎么做到的，让成功再次上演。

不与别人相比就没有胜负高下，“自己和自己比较”才是正确的努力方向。

同理，考试、求职的时候，并不是要去战胜别人，而是在懈怠、停滞不前的自己和面对目标不懈努力的自己之间展开一场**“自我之战”**。

夫妻间的日常对话

如果对话中出现“那谁带孩子带得多哦”“谁谁谁可都做家务的”这样拿别人来进行比较的话，即使是大人也很难有“好的，那我加油！”的想法。

妻子：“晚饭吃什么？”

丈夫：“今天晚上我来做一个‘老爹特制哈希牛肉’。”

妻子：“哇，好棒！好像很好吃的样子！真是有两下子啊。好吃。”

丈夫：“下个星期还会做得更好吃哟。”

妻子：“哇，太棒了。”

对话时，不是把对方和他人作比较，而是承认对方比之前要进步，这样才容易让人鼓足干劲。

重点

√与他人相比时，既不要表扬也不要斥责。

√对比自己的过去和现在，聚焦自我。

√为了能在“自我之战”中取得胜利，要不断鼓励自己。

『缺点』之中
必然藏着『优点』

情景

担心
孩子的性格时

妈妈：“已经想放弃啦？”

孩子：“啊……嗯。”

妈妈：“你可不能做什么都半途而废啊！”

孩子：“嗯。”

爸爸：“不坚持到最后，就会前功尽弃哦。”

妈妈：“已经想放弃啦？”

孩子：“嗯，是的。”

爸爸：“是吗？你现在在干吗？”

孩子：“这个很好玩的，过来，你看，这个。”

爸爸：“这个真是厉害啊。一起玩可以吗？”

孩子：“当然可以啊。你想干什么？”

爸爸：“很好。感兴趣的事情能立马着手去做，是件好事。”

我们这一代人从小就被教育，“一定要坚持到最后”“最难的时候坚持下去，就会有惊喜在等你”“勿忘初衷”，等等，我们往往也希望孩子无论做什么都能坚持不懈、持之以恒。

对于孩子非常专注且努力坚持做下去的事情，父母应该给予支持和帮助。但是，**强迫他们坚持已经厌烦的事情是没有意义的**。

不要被一种价值观束缚。换个角度来看，容易腻烦的孩子也是好奇心旺盛的孩子。父母应该允许并支持他（她）做一个好奇心旺盛的孩子。

在当今时代，多样化越来越受到人们的重视。最近，经常转变思路甚至还被视为一种能力——因为兴趣广泛，由此带来的多种体验和学到的丰富知识可以在未来发挥很大的作用。

夫妻间的日常对话

妻子：“附近新开了一家瑜伽馆，我打算去试试。”

丈夫：“不错啊，练瑜伽能让身材变好。对了，之前的烘焙课呢？”

妻子：“啊，不去了。我觉得烘焙不太适合我。”

丈夫：“是吗？那以后就练瑜伽吧！”

夫妻间，**平时不要把注意力放在对方“做不到”的事情上，而应该多关注一下对方“想做的事”和“感兴趣的事”，并表示支持。**

虽然半途而废，交的学费打了水漂，但是如果不喜欢也要继续的话，连时间也会白白浪费。只有不断地去挑战新鲜事物，才能拥有丰富的体验。这些体验会在尝试另外的新事物上发挥作用。

重点

√ 不想干的事情没有必要坚持，因为没有意义。

√ 可以在各种兴趣爱好中成长。

√ 因为别人的帮助而（让自己）振作起精神来。

全家齐心参加活动

情景

与老师
进行三方会谈时

妈妈："明天可不要让我出丑啊！"

孩子："没事的。"

爸爸："跟老师说要多布置点儿作业。"

孩子："凭什么？"

妈妈："明天的会面，我要跟老师说什么呢，老师跟你说过些什么吗？"

孩子："毕业后的去向之类的吧。"

妈妈："噢，那老师要是问，我该怎么回答呢？"

孩子："直接说我想上的学校以及理由不就行了。"

爸爸："来来来，咱们一起来商量商量吧。"

孩子："好嘞。也许老师会问'家里对孩子升学的态度是什么'。"

爸爸："就说'全力支持孩子的想法'，你看这样行不行？"

千万不要把关系变成“家长老师VS孩子”的模式。在和老师见面之前，先和孩子在家里聊一聊，这样孩子才会安心。

有些父母因不满孩子在家里的学习态度，就主动约老师交谈。这样会让孩子倍受打击，即使父母没有这个意思，孩子也会想：“直接和我说不就行了吗？为什么要去找老师打小报告呢？”

父母双方应当共同参与，事先和孩子把与老师沟通的内容确认好，即使去和老师会面的人只是其中一方，另一方也应该参与。

在和老师会面之前，一家人应该认真细致地把谈话内容商量好。

夫妻间的日常对话

妻子："明天的活动，需要我来做什么？"

丈夫："你什么都不用做。"

妻子："那怎么行呢。我要和你一起去准备晚饭，买买食材吧。我一个人也不知道去哪里买，买些什么。"

丈夫："好的。你去问问我妈不就知道了嘛。"

妻子："你提前问好啊。我也想让你妈知道我是一个'能干的媳妇'。"

丈夫："好的，明白。明天肯定会很忙，拜托了！"

妻子："好的呢。"

当有家庭事务或全家一起出门的时候，要养成先商量再做事的好习惯。

这样就能避免事后的争吵，"事情本不应该是那样的"，等等。夫妻间统一意见可以增强夫妻间的感情，也能增进彼此之间的信任感。

重点

√ 养成参加活动前全家齐心协力制订计划的好习惯。

√ 活动中各司其职，全家总动员。

家庭活动中，对家的『归属感』非常重要

情景

出席
家庭聚会时

❌

妈妈：“要好好打招呼啊！”
孩子：“好啦，我知道了。”
妈妈：“现在，试着说说看。”
孩子：“没事的，不用说，到时候肯定能说好。”

✅

妈妈：“我们俩都要好好地打招呼噢！”
孩子：“知道了。”
爸爸：“你们应该没问题。我倒是有点担心我自己。”
孩子：“那你现在说说看。”
爸爸：“呃……今天恰逢良辰吉日，佳期难觅……”
妈妈、孩子：“哈哈哈……”
爸爸：“好了，我们家的人都OK了。”

当全家人一起参加家庭聚会时，大人很容易把不安的情绪传递给孩子，会说出一些命令的话：“一定要好好表现！”

但是，孩子并不能理解什么叫“好好表现”。

其实，最重要的是**营造出全家人一起参加活动的氛围**。

礼仪、礼貌、措辞、规矩之类的，每次聚会都有父母做榜样，只要孩子能感受到与父母一起参加的氛围，他/她自然而然就能学会。

所有的礼仪、礼貌、措辞、规矩在聚会现场逐一说明也不迟。

夫妻间的日常对话

平时，家人一起为某件事付出努力、精心准备的场景，孩子都会一一看在眼里。

妻子：“下一次赏花，有八个家庭一起参加。”

丈夫：“这么多，好期待啊。”

妻子：“必须要精心准备。做好便当，带好东西，还有衣服……”

丈夫：“明白。等周末我们一家人一起准备吧。”

即使是夫妻间，也要像上面那样齐心应对。

最好养成习惯，结合孩子的年龄，事先以家庭为单位，制订目标和计划。

重点

√ 家人一起准备，能够培养孩子对家的归属感。

√ 提前说出自己所担心的事。

对于一些家庭来说，
离婚是个向前看的决断

情景

和孩子
说离婚的话题时

妈妈："再也不相信你了。"
爸爸："都是你不对。"
妈妈："你到底要跟着谁？跟妈妈吧？"
爸爸："你都没有养孩子的经济能力，还……"
孩子："都是我的错。你们能不能别吵啦……"

妈妈："你爸爸和我商量好了，我们决定离婚。"
爸爸："我们都能接受和对方分开的事实，以后各走各的路。"
孩子："嗯。"
爸爸："即使我们分开了，爸爸还是爸爸，妈妈还是妈妈。我们永远都爱着你。不论什么事，你都可以来找我们。"
孩子："嗯，知道了。"

如何告诉孩子父母离婚，是一件非常难的事情。

虽然父母都想把对孩子的伤害降到最低，但是他们为了自己的事情已经筋疲力尽了。

也许有点难做到，但请父母不要以一方的片面之词和孩子交谈，尽量两个人一起恳切地与孩子谈论此事。

对于夫妻俩来说，**离婚并不是件坏事，而是让彼此今后过得更好的一种手段**。把这个观点传递给孩子也是非常重要的。

还有一点非常重要，就是一定要**跟孩子澄清：父母离婚与孩子无关**，不是因为孩子做错了什么父母才离婚的。这样就可以避免孩子因为父母离婚而陷入自责。

更不要让孩子看到父母相互责难的样子。

同样不要跟孩子说自己做得如何对，对方做得多么过分。因为无论对方怎么样，对于孩子来说，他／她都是自己最亲的人。

说对方的坏话就是在折磨孩子，因为孩子继承了父母各一半的血液。重要的是通过对话与孩子建立、维持信赖关系。

如果可能的话，和孩子一起商量，重新规划未来。

与其维持一个争吵不休、冷冰冰的家庭，还不如选择离婚向前看，这样对孩子来说更好。

需要提醒的是，在离婚的过程中，注意不要伤害到孩子。

夫妻间的日常对话

如果夫妻双方下定决心要离婚，那么请这么说。

妻子："离婚这件事要跟孩子好好地说清楚。"

丈夫："嗯，要跟孩子说实话，不能骗他。"

妻子："还有，一定要告诉他，这并不是他的错。"

丈夫："即使我们分开了，我也还是他的爸爸。"

妻子："虽然没办法和你重新过日子，但是谢谢你一直以来的陪伴。"

丈夫："能商量一下挺好。"

在未离婚之前，夫妻面向未来，相互沟通非常重要。

重点

√ 一定要强调：父母离婚与孩子无关。

√ 对孩子进行正向引导，告诉他离婚是面向未来，走向新生活的开始。

［作者简介］

天野光

毕业于日本上智大学文学院。曾任爱知电视台播音员（1989-1995）。离职之后，主要出演 NHK 节目，直到 2008 年 3 月，一直担任教育电视节目《茁壮成长》的主持人。目前以自由播音员的身份活跃在第一线。通过结婚、生子以及平衡工作与育儿等经历认识到育儿的重要性，成立了“NPO 法人 亲子交流实验室”。在日本为各地政府、幼儿园、学校、企业等举办了提高亲子沟通能力、增强孩子自我认同感的讲座和演讲，迄今已有 5 万多人参加。其间收获了许多父母的支持，听到了“对待育儿的态度发生了彻底的转变！”之类令人感动的声音。

著有《让孩子肯说又肯听的说话技巧》（日本 Sanctuary 出版社）、《天野光的育儿经：快乐茁壮成长》（日本辰巳出版株式会社）。

NPO 法人　亲子交流实验室

［监修者简介］

汐见稔幸

1947 年生于大阪。东京大学名誉教授，日本保育协会理事长，白梅学院大学名誉校长。

专攻教育学，教育人类学，保育学和育儿学。修订 2017 年公布的《幼儿园托儿所指南》时，曾任厚生劳动省社会保障审议会儿童部门保育专业委员会委员长。汐见教授同时也是三个孩子的爸爸，他希望成为新时代家长啦啦队的队长。除了担任儿童教育杂志《Educale》主编之外，还担任探索适合 21 世纪生活方式的生态村“逍遥村”村长等众多职务。

图书在版编目（CIP）数据

好好说话 ：父母对话说明书 /（日）天野光著 ；蒋奇武译 . -- 北京 ：北京日报出版社，2021.11
ISBN 978-7-5477-4015-6

Ⅰ . ①好… Ⅱ . ①天… ②蒋… Ⅲ . ①家庭教育－通俗读物 Ⅳ . ① G78-49

中国版本图书馆 CIP 数据核字 (2021) 第 191900 号

北京版权保护中心外国图书合同登记号：01-2021-5170

好好说话：父母对话说明书

出版发行：北京日报出版社
地　　址：北京市东城区东单三条 8-16 号东方广场东配楼四层
邮　　编：100005
电　　话：发行部：（010）65255876
总编室：（010）65252135
印　　刷：北京世纪恒宇印刷有限公司
经　　销：各地新华书店
版　　次：2021 年 11 月第 1 版
2021 年 11 月第 1 次印刷
开　　本：787 毫米 ×1194 毫米 1/32
印　　张：7
字　　数：150 千字
定　　价：42.00 元